일본어 표현력 향상 프로젝트
일본어 의성어·의태어 꼬마사전

지은이 오자키 다쓰지

펴낸이 정규도
펴낸곳 (주)다락원

초판 1쇄 발행 2014년 9월 29일
초판 4쇄 발행 2025년 2월 19일

책임편집 송화록, 한누리
디자인 장미연, 이승현
일러스트 이예숙

다락원 경기도 파주시 문발로 211
내용문의 (02)736-2031 내선 460~465
구입문의 (02)736-2031 내선 250~252
Fax (02)732-2037
출판등록 1977년 9월 16일 제406-2008-000007호

Copyright ⓒ 2014, 다락원

저자 및 출판사의 허락 없이 이 책의 일부 또는 전부를 무단 복제·전재·발췌할 수 없습니다. 구입 후 철회는 회사 내규에 부합하는 경우에 가능하므로 구입문의처에 문의하시기 바랍니다. 분실·파손 등에 따른 소비자 피해에 대해서는 공정거래위원회에서 고시한 소비자 분쟁 해결 기준에 따라 보상 가능합니다. 잘못된 책은 바꿔 드립니다.

ISBN 978-89-277-1114-8 13730

http://www.darakwon.co.kr

- 다락원 홈페이지를 방문하시면 상세한 출판 정보와 함께 동영상강좌, MP3 자료 등 다양한 어학 정보를 얻으실 수 있습니다.
- 다락원 홈페이지 자료실에서 MP3 파일(무료)을 다운로드 받으실 수 있습니다.

일본어

의성어
의태어
꼬마사전

오자키 다쓰지 지음

다락원

머리말

이 책은 일본에서 자주 쓰는 '의성어·의태어'의 의미와 용법을 익히려는 학습자를 위한 책입니다. 소리와 모양, 상태 등을 감각적으로 표현하는 '의성어·의태어'는 일본 드라마나 애니메이션 등을 볼 때도 자주 접하게 되므로 알아두면 좀 더 자연스럽고 생생한 일본어를 하는 데 도움이 됩니다.

이 책에서는 사람, 사물, 자연이라는 큰 주제 안에서 '의성어·의태어'를 비슷한 것끼리 묶어 익히기 쉽게 정리하였습니다. '의성어·의태어'를 직관적으로 이해할 수 있게 해석과 부연 설명, 쓰임에 대한 정보를 담았습니다. 또한 이렇게 익힌 '의성어·의태어'를 실제 문장에서는 어떻게 쓰는지 알 수 있게끔 예문을 실었습니다. 예문을 만들 때는 해당 '의성어·의태어'가 갖고 있는 느낌을 더 정확하게 받아들일 수 있게 문맥에 신경을 썼으므로 해석은 참고만 하고 일본어 예문을 자세히 들여다 보시길 바랍니다. 말로 설명하기 어려운 뉘앙스가 조금씩 느껴질 것입니다.

이 책을 학습할 때 꼭 순서대로 읽을 필요는 없습니다. 흥미로운 주제부터 예문과 함께 보십시오. 흥미가 있다는 것은 여러분 자신과 관련이 많다는 뜻이므로 실제로 사용할 확률 또한 높습니다.

아무쪼록 이 책이 일본어 표현력을 향상시키고 더욱 유창하게 일본어로 말하는 데 도움이 되기를 바랍니다.

저자 오자키 다쓰지

이 책의 구성과 특징

이 책에서는 일본어를 학습할 때 알아두면 좀 더 자연스럽게 들리게 하는, 사람·사물의 소리를 흉내낸 의성어(擬声語)와 사람·사물의 모양이나 움직임을 흉내낸 의태어(擬態語)를 보기 쉽게 정리하였습니다.

❶ **がっしり**
❷ 딱 벌어진, 건장한
❸ 체격이 튼튼하고 다부진 모양
❹ 부사(~と)
❺ ≒ がっちり
❻ + する 하다
❼ ! 몸이 좋은 남자
❽ cf 「がっしり」는 중후감을, 「がっちり」는 빈틈없는 느낌을 강조합니다.
❾ がっしりした肩は彼の魅力の一つです。
  딱 벌어진 어깨는 그의 매력 중 하나입니다.
  がっちりした体格になるために、運動と食事に気をつけています。
  건장한 체격이 되기 위하여 운동과 식사에 신경을 쓰고 있습니다.

❶ 표제어 | 의성어·의태어를 제시하였습니다.
❷ 뜻 | 의성어·의태어의 뜻을 제시하였습니다.
❸ 풀이 | 좀 더 구체적으로 알기 쉽게 풀이하였습니다.
❹ 품사 | 의성어·의태어의 품사를 제시하였습니다.
❺ 유의어 | 표제어의 유의어를 제시하였습니다.
❻ 동사 | 의성어·의태어와 함께 자주 쓰는 동사를 정리하였습니다.
❼ 이미지 | 표제어인 의성어·의태어가 많이 쓰이는 상황이나
          의성어·의태어를 보면 떠오르는 느낌을 제시하였습니다.
❽ 참고 | 보충 설명입니다.
❾ 예문 | 표제어(유의어)인 의성어·의태어가 자연스럽게 쓰인
          예문을 제시하였습니다.

목차

머리말
이 책의 구성과 특징

Part 1 사람에 관련된 의성어·의태어

말하다 p.10 | 비밀스럽다 p.14 | 보다 p.15 | 걷다 p.18 | 멈추다·서다·앉다 p.20 | 먹다·마시다 p.22 | 배고프다·목마르다 p.25 | 입다 p.26 | 자다 p.28 | 기침하다 p.30 | 아프다 p.31 | 몸 p.34 | 떨다 p.36 | 일하다·움직이다 p.38 | 느리다·게으르다 p.42 | 서두르다·빠르다 p.46 | 사람과 사람 사이 p.49 | 성격 p.50 | 기대·안심 p.53 | 실망·불안·피로 p.56 | 웃다 p.61 | 울다 p.64 | 화내다 p.66

Part 2 사물에 관련된 의성어·의태어

돌다·구르다 p.70 | 흔들리다 p.72 | 가볍다·얇다 p.73 | 부드럽다 p.74 | 명확하다 p.76 | 깔끔하다·예쁘다 p.78 | 더럽다·어수선하다 p.80 | 단단하다 p.82 | 무겁다 p.83 | 빠르다 p.84 | 흩어지다·비다 p.86 | 많다 p.88 | 두드리다·부딪치다 p.91 | 부서지다 p.94 | 찢다·자르다 p.96 | 변화 p.98 | 촉감 p.100 | 생김새 p.104 | 요리 p.106 | 음식과 맛 p.108 | 기타 p.110 | 생활소리 p.111

Part 3 자연에 관련된 의성어·의태어

날씨 p.114 | 해·별·천둥·번개 p.116 | 물(비·눈) p.118 | 불·연기·구름·바람 p.123 | 동물 울음소리 p.126

색인 p.128

Part 1

사람에 관련된 의성어·의태어

말하다 | 비밀스럽다 | 보다 | 걷다 | 멈추다·서다·앉다 | 먹다·마시다 | 배고프다·목마르다 | 입다
자다 | 기침하다 | 아프다 | 몸 | 떨다 | 일하다·움직이다 | 느리다·게으르다 | 서두르다·빠르다
사람과 사람 사이 | 성격 | 기대·안심 | 실망·불안·피로 | 웃다 | 울다 | 화내다

말하다

ぺらぺら₁
술술, 줄줄, 유창(함)

외국어를 유창하게 말하는 모양(긍정적 의미)
부사(〜と), な형용사(〜の)

▶ はなす 이야기하다　しゃべる 떠들다

サンウさんは日本語がぺらぺら話せます。
상우 씨는 일본어를 술술 말할 수 있습니다.

私も英語がぺらぺらになりたいです。
나도 영어가 유창해졌으면 좋겠습니다.

ぺらぺら₂
나불나불

경솔하게 말하는 모양(부정적 의미)
부사(〜と)

▶ しゃべる 떠들다　はなす 이야기하다

彼は口止めしないと何でもぺらぺらしゃべってしまいます。
그는 입막음을 하지 않으면 무엇이든 나불나불 떠들어 버립니다.

誰にも話さないと約束したのに、彼女はみんなにぺらぺら話してしまいました。
아무에게도 말하지 않겠다고 약속했는데도, 그녀는 사람들에게 나불나불 이야기해 버렸습니다.

べらべら
나불나불, 쫑알쫑알

끊임없이 입심 좋게 말하는 모양
부사(〜と)

▶ はなす 이야기하다　しゃべる 떠들다
❗ 자기 자랑

彼は2時間もべらべらとしゃべりまくりました。
그는 두 시간이나 쫑알쫑알 수다를 떨어 댔습니다.

彼はべらべらと自慢話をして場をしらけさせました。
그는 나불나불 자기 자랑을 늘어놓아서 자리의 분위기를 깼습니다.

Part 1
사람에 관련된 의성어·의태어

ぺちゃくちゃ
재잘재잘

(요란하게) 계속 떠드는 모양
부사(〜と)
➕ はなす 이야기하다　しゃべる 떠들다
❗ 카페에서 수다 떠는 여학생들

女子学生たちがカフェでぺちゃくちゃおしゃべりをしています。
여학생들이 카페에서 재잘재잘 수다를 떨고 있습니다.

授業参観中にぺちゃくちゃおしゃべりしないでください。
수업 참관 중에 재잘재잘 수다를 떨지 말아 주세요.

もじもじ
머뭇머뭇, 머무적머무적

주눅이 들어서 의사 표명이나 행동을 하지 못하고 망설이는 모양
부사(〜と)
➕ する 하다

その子は、人の前ではもじもじするばかりで、何も言えません。
그 아이는 타인 앞에서는 머뭇거리기만 할 뿐 아무 말도 못합니다.

そんなところでもじもじしていないで、言いたいことがあったら言いなさい。
그런 곳에서 머무적머무적하지 말고 하고 싶은 말이 있으면 하렴.

もごもご
우물우물

입을 충분히 벌리지 않고 말을 해서 소리가 먹히는 모양
부사(〜と)
➕ する 하다　はなす 이야기하다　いう 말하다

彼は何か言いにくそうに、もごもごと口ごもっていました。
그는 뭔가 말하기 어렵다는 듯 우물우물 머뭇거렸습니다.

口の中でもごもご言わないで、はっきり話してください。
우물우물 입속말하지 말고 분명하게 말해 주세요.

むにゃむにゃ
중얼중얼, 웅얼웅얼

뜻 모를 소리를 입안에서 중얼대는 모양
부사(~と)
➕ いう 말하다　つぶやく 중얼거리다
❗ 잠꼬대

彼は何かむにゃむにゃ寝言を言っていましたが、聞き取れませんでした。
그는 무엇인가 중얼중얼 잠꼬대를 했지만 알아듣지 못했습니다.

その子は眠りながらむにゃむにゃと何かをつぶやいていました。
그 아이는 자면서 웅얼웅얼 무엇인가를 중얼거렸습니다.

ぽつり
툭, 불쑥

중얼거리듯 한마디 내뱉는 모양
부사(~と)
➕ いう 말하다　つぶやく 중얼거리다　もらす 내뱉다

彼女は一言ぽつりと「もういや……」と言いました。
그녀는 한마디 툭 "더 이상 싫어……"라고 말했습니다.

病室のベッドで料理番組を見ていた妻が、「食べたい」とぽつりと漏らしました。
병실 침대에서 요리 프로그램을 보던 아내가 "먹고 싶어"라고 툭 내뱉었습니다.

ぐずぐず
투덜투덜

분명하게 말하지 않고 혼잣말로 푸념하는 모양
부사(~と), 명사
➕ いう 말하다

そんなことぐずぐず言ってないで、本人にはっきり言ったらどうですか。
그런 건 투덜거리지만 말고 본인에게 분명하게 말하면 어떻습니까?

済んだことをぐずぐず言うのは、お前らしくないよ。
끝난 일을 투덜투덜 말하는 것은 너답지 않아.

ぶつぶつ
투덜투덜, 툴툴

낮은 목소리로 투덜거리는 모양
불평이나 불만을 늘어놓는 모양

부사

➕ いう 말하다　つぶやく 중얼거리다

彼女はいつまでもぶつぶつ文句を言っています。
그녀는 계속 투덜투덜 불평을 하고 있습니다.

電車の故障で10分も待たされたと、彼はぶつぶつつぶやいています。
전철 고장 때문에 10분이나 기다려야 했다고 그는 투덜거렸습니다.

ぶうぶう
투덜투덜, 툴툴

불평이나 불만을 자꾸 말하는 모양

부사

➕ いう 말하다

明日も授業をすることになって、学生たちはぶうぶう文句を言っています。
내일도 수업을 하게 되어 학생들은 툴툴 불평합니다.

そんなにぶうぶう不平を言っていないで、改善案を提出したらどうですか。
그렇게 투덜투덜 불평하지 말고 개선안을 제출하면 어떻습니까?

ひそひそ
소곤소곤

다른 사람에게 들리지 않게 작은 소리로 은밀하게 이야기하는 모양

부사(~と)

➕ はなす 이야기하다
❗ 귓속말

会議中、二人はひそひそと何か話していました。
회의 중에 두 사람은 소곤소곤 무엇인가를 이야기하고 있었습니다.

彼らはひそひそ話をしていましたが、私の姿を見ると黙って仕事を始めました。
그들은 소곤소곤 이야기를 하고 있었지만 내 모습을 보자 입을 다물고 일을 시작했습니다.

비밀스럽다

こそこそ
살금살금, 가만가만

몰래 하는 모양
부사(〜と)

➡ する 하다　にげる 도망치다　あう 만나다　はなす 이야기하다

彼はいつも人目を避けて、こそこそと不審な行動をしています。
그는 언제나 사람들의 눈을 피해서 살금살금 수상한 행동을 합니다.

授業中にこそこそ話をするのは、他の人たちの勉強を妨害することになります。
수업 중에 가만가만 이야기를 하는 것은 다른 사람들의 공부를 방해하게 됩니다.

こっそり
몰래

다른 사람이 알아차리지 못하도록 비밀스럽게 어떤 일을 하는 모양
부사(〜と)

➡ ぬすむ 훔치다　にげる 도망치다

警察の気配を感じると、彼らは裏口からこっそりと逃げ出しました。
경찰이 오는 기미를 느끼자 그들은 뒷문으로 몰래 도망쳤습니다.

母は私の日記をこっそり読んでいたので、私はいつも嘘を書いていました。
엄마가 내 일기를 몰래 읽었기 때문에 나는 늘 거짓말을 썼습니다.

そっと
살살, 살그머니, 가만히

다른 사람이 눈치 채지 못하게 소리를 내지 않고 조용히 무슨 일을 하는 모양
부사

➡ ちかづく 다가가다　しのびよる 살며시 다가오다　のぞく 엿보다

彼女は彼の背後からそっと近づいてきて、「わっ！」と驚かしました。
그녀는 그의 등 뒤로 살그머니 다가가 "악!" 하고 놀라게 했습니다.

今は彼女には何も言わず、そっとしておいてあげた方がいいと思います。
지금은 그녀에게는 아무 말도 하지 말고 가만히 내버려 둬 주는 편이 좋다고 생각해요.

보다

きょろきょろ
두리번두리번, 흘깃흘깃

신기한 것이나 찾는 물건이 있어서 침착하지 않게 주위를 둘러보는 모양

부사(~と)

➕ する 하다　みる 보다　みまわす 둘러보다
❗ 관광객

旅行者が広場の真ん中できょろきょろしています。
여행자가 광장 한가운데에서 두리번두리번하고 있습니다.

彼は滑って転んだあと、恥ずかしげに周囲をきょろきょろ見回しました。
그는 미끄러져서 구른 뒤 부끄러운 듯 주위를 흘깃흘깃 둘러보았습니다.

じっと
물끄러미, 가만히

시선을 고정한 채 바라보는 모양. 가만히 있는 모양

부사

➕ する 하다　みる 보다　みつめる 응시하다

彼女は息子の試合をじっと見つめていました。
그녀는 아들의 시합을 물끄러미 바라보았습니다.

その子は落ち着きがなく、少しもじっとしていることができません。
그 아이는 차분하지 않아서 조금도 가만히 있지 못합니다.

じろじろ
빤히

상대방에게 실례가 될 정도로 뚫어지게 쳐다보는 모양

부사(~と)

➕ みる 보다　みつめる 응시하다
❗ 무례한 시선

人のことをじろじろ見るんじゃありませんよ。
타인을 빤히 바라보면 안돼요.

道で知らない人からじろじろ見つめられて気持悪かったです。
길에서 모르는 사람이 빤히 쳐다봐서 기분이 나빴습니다.

しげしげ
찬찬히, 물끄러미

유심히 보는 모양
부사(～と)

- みる 보다　ながめる 바라보다
- 감동과 감격이 담겨 있는 눈빛

彼は息子の描いた絵をしげしげと眺めていました。
그는 아들이 그린 그림을 찬찬히 보았습니다.

若い父親は、赤ん坊の寝入る顔をしげしげと見つめていました。
젊은 아빠는 아기의 잠든 얼굴을 물끄러미 바라보았습니다.

まじまじ
말끄러미, 뚫어지게

눈을 떼지 않고 정면으로 빤히 바라보는 모양
부사(～と)

- みる 보다　みつめる 보다　かんさつする 관찰하다
- 믿지 못하겠다는 눈빛(의심)

図書館員は「本当に成人ですか」と言って、私をまじまじと見ました。
도서관 직원은 "정말로 성인입니까?" 하고 말하며 나를 뚫어지게 보았습니다.

祖母はしわの増えた自分の手のひらをまじまじと見つめていました。
할머니는 주름이 늘어난 자신의 손바닥을 말끄러미 쳐다보았습니다.

ぎろぎろ
희번덕희번덕

눈을 부라리는 모양
부사(～と), な형용사(～の)

- する 하다　ひからせる 번뜩이다

あの人は目がぎろぎろしていて気持悪いです。
저 사람은 눈을 부라리고 있어서 기분이 나쁩니다.

目の前に大男が目をぎろぎろ光らせて立ちはだかっていました。
눈앞에 거한이 눈을 번뜩이며 가로막고 있었습니다.

ちらりと
흘긋, 슬쩍, 언뜻

순간적으로 보는 모양
움직임이 재빠르거나 극히 짧은 모양

부사

= ちらっと
+ みる 보다
! 곁눈질

彼女(かのじょ)は私(わたし)を**ちらりと**見(み)ただけで、挨拶(あいさつ)もしませんでした。
그녀는 나를 흘긋 봤을 뿐 인사도 하지 않았습니다.

この人(ひと)は大丈夫(だいじょうぶ)だろうかという不安(ふあん)が、**ちらりと**脳裏(のうり)をよぎりました。
이 사람은 괜찮을까라는 불안이 언뜻 뇌리를 스쳤습니다.

걷다

のしのし
성큼성큼

몸집이 큰 사람이나 동물이 보폭을 넓게 하여 여유 있게 걷는 모양

부사(~と)

➕ あるく 걷다

❗ 씨름 선수, 코끼리, 곰

ジャングルの中を象がのしのしと練り歩いています。
정글 안을 코끼리가 성큼성큼 행진하고 있습니다.

力士たちがのしのしと国技館に入ってきました。
스모(일본식 씨름) 선수들이 성큼성큼 고쿠기칸(도쿄에 있는 스모 경기장)에 들어왔습니다.

すたすた
성큼성큼, 총총

주변을 신경 쓰지 않고 빠르게 걷는 모양

부사(~と)

➕ あるく 걷다

彼は私の前をすたすたと大股で通り過ぎて行きました。
그는 내 앞을 성큼성큼 황새걸음으로 지나가 버렸습니다.

彼は私の方を振り返りもしないですたすたと歩いて行ってしまいました。
그는 나를 돌아보지도 않고 총총 걸어가 버렸습니다.

とぼとぼ
터벅터벅

피곤한 듯 힘없이 걷는 모양

부사(~と)

➕ あるく 걷다

彼はうつむいたまま、とぼとぼと歩いていました。
그는 고개를 숙인 채 터벅터벅 걷고 있었습니다.

初老の男性が、歩道をとぼとぼと元気なく歩いています。
나이 든 남성이 길을 힘없이 터벅터벅 걷고 있습니다.

Part 1
사람에 관련된 의성어·의태어

よちよち
아장아장, 비틀비틀

어린아이나 무거운 짐을 든 사람, 노쇠한 사람 등이 좁은 보폭으로 불안정하게 걷는 모양

부사(〜と), な형용사(〜の)

➕ あるく 걷다
❗ あかちゃん 아기

赤ちゃんが<u>よちよち</u>と歩けるようになりました。
아기가 아장아장 걸을 수 있게 되었습니다.

これは私が<u>よちよち</u>歩きの赤ちゃんだったころの写真です。
이것은 내가 아장아장 걷는 아기였던 시절의 사진입니다.

よろよろ
비틀비틀

불안정하고 쓰러질 듯 움직이는 모양

부사(〜と), な형용사(〜の)

➕ する 하다 あるく 걷다

彼は今にも倒れそうに<u>よろよろ</u>と歩いています。
그는 금방이라도 쓰러질 듯 비틀비틀 걷고 있습니다.

男の子が、慣れない自転車を<u>よろよろ</u>しながらこいでいます。
남자 아이가 익숙하지 않은 자전거를 타고 비틀비틀대고 있습니다.

うろうろ
어정버정, 어슬렁어슬렁

목적 없이 이리저리 헤매는 모양
한곳에서 왔다 갔다 하는 모양

부사(〜と)

➕ する 하다 あるく 걷다
❗ 수상한 사람

家の前を不審な男が<u>うろうろ</u>しています。
수상한 남자가 집 앞을 어슬렁거리고 있습니다.

近所を野良犬が<u>うろうろ</u>しているので、怖くて困っています。
근방에 들개가 어슬렁거리는 바람에 무서워서 난처합니다.

멈추다·서다·앉다

ふらふら
휘청휘청

힘이 없어서 다리가 불안정하게 흔들리는 모양
몸이 정상적으로 움직이지 않는 모양

부사(〜と), な형용사(〜の)

➕ する 하다　なる 되다　あるく 걷다

❗ 술에 취한 사람, 환자

昨夜は全然寝ていないので、もうふらふらです。
어젯밤에는 잠을 전혀 자지 못해서 벌써 휘청휘청합니다.

朝から何も食べていないので、ふらふらになってしまいました。
아침부터 아무 것도 먹지 못해서 휘청휘청합니다.

ぴたり
딱

갑자기 멈추는 모양

부사(〜と)

➕ とまる 멈추다

高級車が彼の目の前でぴたりと止まりました。
고급차가 그의 눈앞에서 딱 멈췄습니다.

誰かの呼ぶ声に、その男はぴたりと立ち止まりました。
누군가가 부르는 소리에 그 남자는 딱 멈춰 섰습니다.

すくっと
벌떡, 우뚝

힘차게 일어나는 모양. 우뚝 서 있는 모양

부사

➕ たつ 서다　たちあがる 일어나다

彼はすくっと立ち上がると、扉の方へ歩いて行きました。
그는 벌떡 일어나서 문 쪽으로 걸어갔습니다.

家の前に高い杉の木がすくっと立っていました。
집 앞에 키가 큰 삼나무가 우뚝 서 있습니다.

Part 1
사람에 관련된 의성어·의태어

むっくり
벌떡

갑자기 일어나는 모양

부사(~と)

⇨ むくり むっく

＋ おきる 일어나다

彼女は10時過ぎにむっくりとベッドから起き、遅い朝食を食べました。
그녀는 10시 지나서 침대에서 벌떡 일어나 늦은 아침밥을 먹었습니다.

男はむっくりと起き上がると、部屋を出て行きました。
남자는 벌떡 일어나더니 방을 나갔습니다.

どっかり
털썩

의젓하게 자리를 잡고 앉는 모양

부사(~と)

＋ すわる 앉다 こしをおろす 앉다

父は畳の上にどっかりと座って腕を組んでいました。
아빠는 다다미 위에 털썩 앉아서 팔짱을 끼고 있었습니다.

兄は部屋に入ってくると、座布団の上にどっかりと腰を下ろしました。
형은 방에 들어오자마자 방석 위에 털썩 앉았습니다.

21

먹다 · 마시다

ぱくぱく
우걱우걱, 뻐끔뻐끔

입을 크게 벌리고 왕성하게 먹는 모양
입을 크게 벌렸다가 오므리는 모양

부사(〜と)

➕ たべる 먹다   する 하다

その子は持参したお弁当を**ぱくぱく**食べていました。
그 아이는 가져온 도시락을 우걱우걱 먹고 있었습니다.

水槽の前に立つと、金魚が近寄ってきて口を**ぱくぱく**させました。
수조 앞에 서니 금붕어가 다가와서 입을 뻐끔뻐끔 벌렸습니다.

がつがつ
아귀아귀

몹시 시장하여 음식을 탐하며 게걸스럽게 먹는 모양

부사(〜と)

➕ する 하다   たべる 먹다   かきこむ(かっこむ) 급히 먹다

❗ 사흘 굶은 사람

そんなに**がつがつ**しないで、もう少し落ち着いて食べたらどうですか。
그렇게 아귀아귀 먹지 말고 좀 더 차분하게 먹으면 어떻습니까?

彼はよっぽど飢えていたらしく、牛丼を**がつがつ**掻っ込んでいました。
그는 어지간히 배가 고팠는지 규동을 걸신들린 양 급하게 먹었습니다.

もぐもぐ
우물우물

입을 벌리지 않고 씹는 모양

부사(〜と)

➕ する 하다   たべる 먹다

❗ 다람쥐, 초식동물

彼は焼き芋を口にほおばり、**もぐもぐ**と食べています。
그는 군고구마를 한입 가득히 넣고 우물우물 먹고 있습니다.

子どもたちがパンを**もぐもぐ**食べています。
아이들이 빵을 우물우물 먹고 있습니다.

Part 1
사람에 관련된 의성어·의태어

もりもり
와작와작, 우적우적

열심히 씹거나 먹는 모양
부사(~と)

→ たべる 먹다
! 건강하게 잘 먹는 모습

もりもり食べて大きくなろうね。
잘 먹고 쑥쑥 자라자. (주로 어린아이에게 하는 말로 많이 쓰임)

子どもたちは家庭菜園で取れた野菜をもりもり食べています。
어린이들은 집 텃밭에서 수확한 채소를 우적우적 먹고 있습니다.

ごくごく
꿀꺽꿀꺽, 벌컥벌컥

액체를 기세 좋게 들이켜는 모양
부사(~と)

⇒ ごくりごくり
→ のむ 마시다 のみほす 다 마시다

彼は目を覚ますと、まず1杯の牛乳をごくごくと飲み干しました。
그는 눈을 뜨자마자 먼저 우유 한 잔을 벌컥벌컥 남김없이 마셨습니다.

彼はどぶろくの注がれた椀をつかむと、ごくごくとうまそうに飲みました。
그는 막걸리를 따른 사발을 들고 맛있다는 듯 꿀꺽꿀꺽 마셨습니다.

がぶがぶ
꿀꺽꿀꺽, 벌컥벌컥

액체(음료)를 기세 좋게 단숨에 많이 들이켜는 모양
부사(~と)

→ のむ 마시다

そんなにビールをがぶがぶ飲むと、体によくないですよ。
그렇게 맥주를 벌컥벌컥 마시면 몸에 좋지 않아요.

練習が終わったあと、私たちは洗面台へ走っていって水をがぶがぶ飲みました。
연습이 끝난 후 우리는 세면대로 달려가 물을 벌컥벌컥 마셨습니다.

Part 1
사람에 관련된 의성어·의태어

ぐびぐび
꿀꺽꿀꺽, 벌컥벌컥

목구멍을 울리면서 액체를 마시는 모양
부사(~と)
- のむ 마시다
- 술을 물처럼 마시는 모습

彼は大きなジョッキでビールをぐびぐび飲んでいました。
그는 커다란 잔으로 맥주를 벌컥벌컥 마시고 있었습니다.

彼は一人でお酒をぐびぐびとやっていました。
그는 혼자서 벌컥벌컥 술을 마시고 있었습니다.

ぐいぐい
꿀꺽꿀꺽, 벌컥벌컥

힘차게 계속 마시는 모양
부사(~と)
- のむ 마시다 あおる 단숨에 들이켜다
- 술을 빠른 속도로 마심

田中さんは、ぐいぐいいける口ですか。
다나카 씨는 계속 마실 수 있습니까?

彼女は、つまみには手も付けずにお酒をぐいぐいあおっていました。
그녀는 안주에는 손도 대지 않고 술을 벌컥벌컥 들이켰습니다.

ちびちび
홀짝홀짝

액체를 조금씩 나누어 마시는 모양
부사(~と)
- ちびりちびり
- のむ 마시다

私は寝る前に一人で晩酌をちびちびやるのが楽しみです。
나는 자기 전에 혼자서 술을 홀짝홀짝 하는 것이 즐거움입니다.

祖父は日本酒をちびちびと飲んでいました。
할아버지는 일본 술을 홀짝홀짝 마시고 있었습니다.

배고프다 · 목마르다

ぺこぺこ
꼬르륵꼬르륵

배가 몹시 고픈 모양
な형용사(〜の)

おなかがぺこぺこで力が出ません。
배가 고파서 힘이 나지 않습니다.

さっきお昼を食べたばかりなのに、もうおなかがぺこぺこになってしまいました。
막 점심밥을 먹은 참인데 벌써 배가 고파졌습니다.

ぐうぐう
꼬르륵꼬르륵

배가 고파서 뱃속에서 나는 소리
부사(〜と)

➡ なる 울리다

授業中におなかがぐうぐう鳴って困りました。
수업 중에 배에서 꼬르륵꼬르륵 소리가 나서 난처했습니다.

もうすぐ夕飯時だからか、おなかがぐうぐう鳴っています。
이제 곧 저녁식사를 해야 할 때라서인지 배에서 꼬르륵꼬르륵 소리가 납니다.

からから
바싹

목이 몹시 마른 모양. 건조해서 수분이 없는 모양
な형용사(〜の)

炎天下を歩いたので、喉がからからです。
몹시 더운 날씨에 걸어서 목이 칼칼합니다.

喉がからからに渇いていたので、冷たい水がとてもおいしく感じられました。
목이 바싹 말라서 찬물이 무척 맛있게 느껴졌습니다.

입다

だぶだぶ
헐렁헐렁

옷이 너무 커서 몸에 잘 맞지 않는 모양
부사(〜と), な형용사(〜の)
➕ する 하다
❗ 자기 몸 둘레의 두 배 정도 되는 옷

この服はだぶだぶで私には着られません。
이 옷은 너무 헐렁헐렁해서 나는 입을 수 없습니다.

減量したら、驚いたことに服がだぶだぶになってしまいました。
체중 감량을 했더니 놀랍게도 옷이 헐렁헐렁해졌습니다.

ぶかぶか
헐렁헐렁

입거나 신은 것이 너무 커서 헐렁한 모양
な형용사
❗ 자신의 사이즈보다 큰 치수를 입고 있음

インターネットで服を買ったら、ぶかぶかで着られませんでした。
인터넷에서 옷을 샀더니 헐렁헐렁해서 입을 수 없었습니다.

この帽子はぶかぶかで私の頭には合いません。
이 모자는 너무 커서 내 머리에는 맞지 않습니다.

ずるずる
질질

소매나 옷자락이 너무 길어서 질질 끌리는 모양
부사(〜と), な형용사(〜の)
➕ ひきずる 질질 끌다

子どもが毛布をずるずると引きずっています。
아이가 담요를 질질 끌고 있습니다.

大人の服を着た子が、ずるずると裾を引きずって歩いていました。
어른 옷을 입은 아이가 질질 옷자락을 끌고 걷고 있었습니다.

Part 1
사람에 관련된 의성어·의태어

きつきつ
꽉 낌

옷이나 신발이 너무 작은 모양
부사, な형용사(～の)
➕ する 하다

きつきつのスーツを着て仕事をするのは楽じゃありません。
꽉 끼는 양복을 입고 일을 하는 것은 편하지 않습니다.

体重が増えたら服がきつきつになってしまいました。
체중이 늘었더니 옷이 꽉 끼었습니다.

つんつるてん
깡똥함

옷의 기장이 짧아서 팔이나 다리가 나온 모양
명사, な형용사
➕

去年着ていた服が、つんつるてんになってしまいました。
작년에 입었던 옷이 작아져 버렸습니다.

この服はつんつるてんなんじゃなくて、おへそが出るようにできてるんです。
이 옷은 깡똥한 게 아니라 배꼽이 나오게 만들어져 있는 겁니다.

27

자다

うとうと
꾸벅꾸벅

얕은 잠을 자는 모양. 조는 모양
부사(〜と)
- する 하다
- 버스나 지하철 안, 수업 중, 낮잠

うとうとしかけたところで起こされてしまいました。
꾸벅꾸벅 졸기 시작했을 무렵에 깨워졌습니다.

運転中にうとうとするのはたいへん危険です。
운전 중에 꾸벅꾸벅 조는 것은 몹시 위험합니다.

ぐっすり
푹

깊은 잠을 자는 모양
부사(〜と)
- する 하다 ねる 자다 ねむる 자다
- 숙면

昨夜はぐっすり眠れましたか。
어젯밤에는 푹 잤습니까?

寝室を覗くと、父はすでにぐっすり眠っていました。
침실을 들여다보니 아빠는 이미 푹 자고 있었습니다.

すやすや
새근새근, 색색

편안히 자는 모양
부사(〜と)
- ねる 자다 ねむる 자다
- 아기

さっきまで遊んでいた娘は、もうすやすや寝息を立てていました。
방금 전까지 놀고 있던 딸은 어느새 색색 숨소리를 내며 자고 있습니다.

すやすや眠る子どもの安らかな表情は、まるで天使のようでした。
새근새근 자는 아이의 편안한 표정은 마치 천사 같았습니다.

Part 1
사람에 관련된 의성어·의태어

ぐうぐう
쿨쿨

곤히 자면서 내는 숨소리

부사(~と)

➕ ねる 자다 ねむる 자다

社長はソファーの上でぐうぐういびきをかいています。
사장은 소파 위에서 쿨쿨 코를 골고 있습니다.

学生たちは話し疲れてぐうぐう眠っていました。
학생들은 이야기하다가 지쳐서 쿨쿨 잠들었습니다.

ごろり
벌렁, 벌러덩

눕는 모양

부사(~と)

➕ よこになる 눕다

彼はごろりと横になると、手に持っていた本を読み始めました。
그는 벌렁 드러눕더니 손에 들고 있던 책을 읽기 시작했습니다.

勉強に疲れて彼は床の上へごろりと横になりました。
공부에 지쳐서 그는 마루 위에 벌러덩 누웠습니다.

29

기침하다

こんこん
콜록콜록

가벼운 기침을 하는 소리

부사(〜と)

- せきをする 기침을 하다
- 마른기침

母は一人、こんこんと咳をしながら家計簿をつけていました。
엄마는 혼자 콜록콜록 기침을 하며 가계부를 쓰고 있었습니다.

うちの子が昨夜からこんこん咳をし始めました。
우리 집 아이가 어젯밤부터 콜록콜록 기침을 하기 시작했습니다.

ごほごほ
쿨럭쿨럭

연거푸 기침을 하는 소리

부사(〜と)

- ごほんごほん
- せきをする 기침을 하다 せきこむ 심하게 기침하다
- 가래가 나올 듯한 큰 기침

彼は風邪が治らなくて、まだごほごほと咳をしています。
그는 감기가 낫지 않아서 아직 쿨럭쿨럭 기침을 합니다.

彼は気管支炎になって、ごほんごほんと咳き込んでいます。
그는 기관지염에 걸려서 쿨럭쿨럭 기침을 하고 있습니다.

はくしょん
에취

기세 좋게 재채기를 할 때 나는 소리

부사(〜と)

- くしゃみをする 재채기를 하다

隣の部屋からはくしょんとくしゃみをする音が聞こえてきました。
옆방에서 에취 하고 재채기를 하는 소리가 들려왔습니다.

コンサート中に、はくしょんと大きな音でくしゃみをしてしまいました。
콘서트 중에 에취 하고 커다란 소리로 재채기를 해 버렸습니다.

아프다

ごろごろ
꾸르륵꾸르륵

배가 아파서 울리는 소리

부사(〜と)

➕ する 하다 いう 소리가 나다 なる 울리다

❗ 설사하고 싶을 때

冷たいものを食べ過ぎたのか、おなかがごろごろ鳴っています。
차가운 것을 너무 많이 먹었는지 배가 꾸르륵꾸르륵 울립니다.

牛乳を飲んでおなかがごろごろする人には、ココアがいいらしいですよ。
우유를 마시면 배가 꾸르륵하는 사람에게는 코코아가 좋대요.

がらがら
괄괄(함)

아파서 목이 쉰 모양

な형용사

cf 쉰 목소리를 「がらがらごえ」라고도 합니다.

彼女は風邪のせいで、がらがらな声になっていました。
그녀는 감기 탓에 괄괄한 목소리가 되었습니다.

彼ががらがら声で話すのは、本当に苦しそうです。
그가 쉰 목소리로 이야기하는 것은 몹시 괴로워 보입니다.

ずきずき
욱신욱신

종기나 상처 등이 쑤시고 아픈 모양

부사(〜と)

➕ する 하다 いたむ 아프다

❗ 충치

切り傷がずきずき痛みます。
베인 상처가 욱신욱신 아픕니다.

虫歯がずきずきしてきたので、歯医者に行ってきました。
충치가 욱신욱신해서 치과 의사에게 다녀왔습니다.

31

がんがん
욱신욱신, 지끈지끈

머리가 쑤시듯이 몹시 아픈 모양
부사(〜と), な형용사

➕ する하다 いたむ아프다
❗ 두통

昨夜お酒を飲みすぎたせいか、頭ががんがん痛みます。
어젯밤에 과음한 탓인지 머리가 지끈지끈 아픕니다.

昨日から、頭ががんがんして寒気もします。
어제부터 머리가 지끈지끈 아프고 오한도 듭니다.

ちくちく
콕콕, 쿡쿡, 따끔따끔

바늘이나 가시처럼 뾰족한 것에 반복해서 찔리듯이 아픈 모양
부사(〜と)

➕ する하다 いたむ아프다

髪を切ってきたあと、襟元がちくちくします。
머리카락을 자르고 온 후 목 언저리가 따끔따끔합니다.

昔のことを思い出すたびに、良心がちくちくと痛みます。
옛날 일을 떠올릴 때마다 양심에 쿡쿡 찔려 아픕니다.

きりきり
콕콕, 쿡쿡

배나 위가 찔리듯이 아픈 모양
부사(〜と)

➕ する하다 いたむ아프다

ビールを飲むと胃がきりきりと痛みます。
맥주를 마시면 위가 쿡쿡 아픕니다.

上司と部下たちの間に挟まれて、胃がきりきりする思いです。
상사와 부하들 사이에 껴서 위가 쿡쿡 쑤십니다.

ひりひり
얼얼, 알알, 따끔따끔

매워서 혀끝이 아리거나 까진 상처가 아리고 햇볕에 탄 살갗이 쓰라린 모양

부사(〜と)

➕ する 하다　いたむ 아프다

転んですりむいたところが**ひりひり**します。
넘어져서 까진 부분이 얼얼합니다.

プールに行って来たら、日に焼けて背中が**ひりひり**します。
수영장에 다녀왔더니 햇볕에 그을려서 등이 알알합니다.

むかむか
메슥메슥, 울컥

메스껍거나 화가 나서 기분이 나쁜 모양

부사(〜と), な형용사(〜の)

➕ する 하다

❗ 吐할 것 같은 사람

油っこいものを食べ過ぎて、胸が**むかむか**しています。
느끼한 것을 너무 많이 먹어서 속이 메슥메슥합니다.

彼の顔を見ただけで、**むかむか**してきます。
그의 얼굴을 봤을 뿐인데 울컥 분이 치밉니다.

はあはあ
식식, 색색, 헉헉

거칠게 숨을 쉬는 모양

부사(〜と)

階段を駆け上ってきたのか、彼は**はあはあ**と息を弾ませていました。
계단을 뛰어올라 왔는지 그는 식식거리며 숨을 몰아쉬었습니다.

彼女は４０度の熱が続き、苦しそうに荒い息を**はあはあ**させていました。
그녀는 40도의 열이 계속 나서 괴로운 듯 가쁜 숨을 쌕쌕 내쉬었습니다.

몸

ぴんぴん
팔팔

건강하여 원기가 넘치는 모양
부사(〜と)
➕ する 하다

祖父は今年９０歳とは思えないほどぴんぴんしています。
할아버지는 올해 90살이라고는 생각하지 못할 정도로 건강합니다.

釣った魚がぴんぴん跳ねまわっています。
잡은 물고기가 팔팔하게 여기저기 돌아다닙니다.

ほっそり
호리호리

홀쭉하고 마른 모양
부사(〜と)
➕ する 하다

彼女のほっそりした指は、繊細な神経を物語っています。
그녀의 호리호리한 손가락은 섬세한 신경을 말해 주고 있습니다.

彼女はほっそりとした上品な顔立ちで、色白の美人です。
그녀는 마르고 고상하게 생겼으며 피부가 하얀 미인입니다.

ぶくぶく
퉁퉁, 뒤룩뒤룩

보기 흉하게 살찐 모양
부사(〜と), な형용사(〜の)
➕ ふとる 살이 찌다   する 하다

甘いものばかり食べていたら、ぶくぶくと太ってしまいました。
단것만 먹었더니 뒤룩뒤룩 살이 찌고 말았습니다.

彼のぶくぶくした体つきを見ると、気の毒になってしまいます。
그의 퉁퉁한 몸집을 보면 안쓰럽습니다.

Part 1
사람에 관련된 의성어·의태어

がっしり
딱 벌어진, 건장한

체격이 튼튼하고 다부진 모양

부사(〜と)

- がっちり
- する 하다
- 몸이 좋은 남자
- cf 「がっしり」는 중후감을, 「がっちり」는 빈틈없는 느낌을 강조합니다.

がっしりした肩は彼の魅力の一つです。
딱 벌어진 어깨는 그의 매력 중 하나입니다.

がっちりした体格になるために、運動と食事に気をつけています。
건장한 체격이 되기 위하여 운동과 식사에 신경을 쓰고 있습니다.

ぴくぴく
실룩실룩, 쫑긋쫑긋

몸의 일부가 떨리듯 두세 번 움직이는 모양

부사(〜と)

- する 하다 うごかす 움직이다

魚の切り身がまな板の上でまだ**ぴくぴく**動いています。
생선 토막이 도마 위에서 아직 실룩실룩 움직이고 있습니다.

彼は眉毛の端が**ぴくぴく**と痙攣していました。
그는 눈썹 끝이 실룩실룩 경련했습니다.

떨다

ぞくぞく
오싹오싹

열이 나서 오한이 들거나 무서워서 떠는 모양

부사(〜と)

➕ する 하다

熱が出てきたのか、寒気がしてぞくぞくしてきた。
열이 나서인지 오한이 들어 오싹오싹해졌다.

夜中に動物の叫ぶ声を聞くと、怖くてぞくぞくしてきます。
한밤중에 동물이 우는 소리를 들으니 무서워서 오싹오싹해졌습니다.

ぶるぶる
오들오들, 부들부들

춥거나 무서워서 가늘게 떠는 모양

부사(〜と)

➕ する 하다 ふるえる 떨다

子猫は寒さのために体をぶるぶる震わせていました。
새끼 고양이는 추워서인지 몸을 오들오들 떨고 있었습니다.

彼女はピストルを持つ手がぶるぶると震えていました。
그녀는 권총을 든 손이 부들부들 떨렸습니다.

がくがく
부들부들, 후들후들,
덜덜, 벌벌

무섭거나 추워서 크게 떠는 모양

부사(〜と), な형용사(〜の)

➕ する 하다 ふるえる 떨다

崖から下を見下ろしたら、足ががくがく震えてきました。
절벽 위에서 밑을 내려다보니 다리가 후들후들 떨렸습니다.

滝つぼは、がくがく震えるくらい寒かったです。
폭포는 덜덜 떨릴 정도로 추웠습니다.

Part 1
사람에 관련된 의성어·의태어

がたがた
덜덜, 와들와들,
부들부들

추위나 두려움에 이, 몸 등을 격하게 떠는 모양

부사(〜と)

➕ する 하다　ふるえる 떨다　ならす 소리를 내다

彼女(かのじょ)は、歯(は)をがたがた鳴(な)らしながらプールから出(で)てきました。
그녀는 이를 덜덜 떨면서 수영장에서 나왔습니다.

子(こ)どもたちは恐怖(きょうふ)でがたがた震(ふる)えていました。
아이들은 공포로 와들와들 떨었습니다.

37

일하다 · 움직이다

きびきび
팔팔하게, 활발하게

군더더기 없이 재빠르게 행동하는 모양
태도가 활기차서 기분 좋은 모양
부사(〜と)

▶ する 하다 はたらく 일하다

彼女の**きびきび**と働く姿が魅力的です。
그녀의 팔팔하게 일하는 모습이 매력적입니다.

この病院は看護師たちが**きびきび**と働いていて、とても印象がいいです。
이 병원은 간호사들이 활기차게 일해서 무척 인상이 좋습니다.

ばりばり
척척, 열심히

기를 쓰고 열심히 하는 모양
부사(〜と), 명사

▶ する 하다 はたらく 일하다

部長は休暇を終えて帰ってきてから、**ばりばり**働いています。
부장님은 휴가를 끝내고 돌아와서 열심히 일하고 있습니다.

彼は**ばりばり**の営業マンで、寝ても覚めても営業のことばかり考えています。
그는 열심히 일하는 영업맨이어서 자나 깨나 영업에 관해서만 생각합니다.

せっせと
부지런히, 열심히

꾸준히 열심히 일 따위를 하는 모양
부사

▶ はたらく 일하다

彼女は卒業を前にして、**せっせと**論文を書いています。
그녀는 졸업을 앞에 두고 열심히 논문을 쓰고 있습니다.

彼は娘と息子の学費を稼ぐために**せっせと**働いています。
그는 딸과 아들의 학비를 벌기 위해서 부지런히 일하고 있습니다.

Part 1
사람에 관련된 의성어·의태어

こつこつ
꾸준히, 열심히

조금씩 계속 노력하는 모양
부사(〜と)

➕ する 하다　つづける 계속하다
❗ 적금, 공부

彼女はこつこつとためたお金で大学院に通い始めました。
그녀는 꾸준히 모은 돈으로 대학원에 다니기 시작했습니다.

勉強は毎日こつこつとする必要があります。
공부는 매일 꾸준히 할 필요가 있습니다.

てきぱき
척척

일을 재빨리 능숙하게 처리하는 모양
부사(〜と)

➕ する 하다

彼女に仕事を頼むとてきぱきと片付けてくれるので本当に助かります。
그녀에게 일을 부탁하면 척척 처리해 주기 때문에 도움이 많이 됩니다.

あそこのサービスセンターはてきぱきと対応してくれるので便利です。
저기 있는 서비스 센터는 척척 대응해 주기 때문에 편리합니다.

すらすら
줄줄, 술술, 척척

거침없이 순조롭게 진행되는 모양
부사(〜と), な형용사(〜の)

彼女はどんな質問にもすらすらと答えていました。
그녀는 어떤 질문에도 술술 대답했습니다.

この小説は、私の日本語の実力でもすらすら読めます。
이 소설은 내 일본어 실력으로도 술술 읽을 수 있습니다.

きっぱり
단호하게, 딱 잘라

결심한 것을 애매하지 않은 태도로 나타내는 모양
부사(〜と)
➡ ことわる 거절하다　てをきる 관계를 끊다　する 하다
❗ 사표, 거절, 이별 통보

あいまいな断り方をしないで、きっぱり断った方がいいですよ。
애매하게 거절하지 말고 단호하게 거절하는 편이 좋아요.

ああいう男とは、きっぱり手を切った方がいいと思います。
저런 남자와는 단호하게 관계를 끊는 편이 좋다고 생각합니다.

けろりと
천연덕스럽게, 태연하게

큰일이 있었는데도 아무 일도 없었던 양 태연한 모양
부사
➡ けろっと
➡ する 하다

彼は昨夜大喧嘩をしたのに、次の日にはもうけろりとしています。
그는 어젯밤에 큰 싸움을 했으면서 이튿날에는 아무 일도 없었다는 듯 천연덕스럽습니다.

あの人は、人のことをさんざん罵っておいて、次の日にはけろりと忘れていました。
저 사람은 다른 사람에 대해 호되게 욕을 퍼부었으면서 이튿날에는 아무 일도 없었다는 듯 태연하게 잊어 버렸습니다.

むずむず
근질근질

답답하거나 좀이 쑤시거나 가려운 모양
부사(〜と)
➡ する 하다

子どもたちの喧嘩を見ていると、仲裁したくてむずむずしてきます。
아이들의 싸움을 보고 있자면 중재하고 싶어서 몸이 근질근질합니다.

山で虫に刺されたところがまだむずむずとかゆいです。
산에서 벌레에 물린 곳이 아직 근질근질 가렵습니다.

ちゃっかり
약삭스럽게, 얍삽하게

자기 잇속에 맞게 행동하거나 자신에게 득이 되는 것은 기회를 놓치지 않는 모양

부사(～と)

➕ する 하다

cf 다른 사람에 대해 질린 듯이 말할 때 많이 쓰는 표현입니다.

あの政治家は、被災地の見舞いに行って**ちゃっかり**自己アピールをしてきました。
그 정치가는 재난 당한 곳에 위로하러 가서 약삭스럽게 자기 어필을 하고 왔습니다.

あの人は**ちゃっかり**した性格で、転んでもただでは起きません。
저 사람은 약삭스러운 성격이어서 넘어져도 거저 일어나지 않습니다.

すぱすぱ
뻑뻑, 뻐끔뻐끔

담배를 피우는 모습

부사(～と)

➕ すう 피우다

❗ 줄담배

彼はさっきからずっとタバコを**すぱすぱ**吸っています。
그는 아까부터 계속 담배를 뻑뻑 피우고 있습니다.

彼女は左手にコーヒーカップを持ち、右手でタバコを**すぱすぱ**吸っています。
그녀는 왼손에 커피컵을 들고 오른손으로 담배를 뻐끔뻐끔 피우고 있습니다.

ふうふう
허덕허덕

숨을 가쁘게 몰아 쉬는 모양

부사(～と)

➕ いう 말하다

学生たちはレポートに追われて**ふうふう**言っています。
학생들은 리포트에 쫓겨서 허덕거리고 있습니다.

教室の中は冷房がないので、みんな**ふうふう**言っています。
교실 안은 냉방이 없기 때문에 다들 허덕거리고 있습니다.

느리다 · 게으르다

のろのろ
느릿느릿, 꾸물꾸물

동작이 굼뜬 모양
부사(〜と), な형용사(〜の)

➕ する 하다　うごく 움직이다　すすむ 가다
❗ 운전, 일

高速道路の渋滞が激しく、自動車がのろのろと動いています。
고속도로 정체가 심해서 자동차가 느릿느릿 움직이고 있습니다.

勉強できない学生は、体の動きものろのろしていることがよくあります。
공부 못하는 학생은 몸의 움직임도 느릿느릿한 경우가 종종 있습니다.

ぐずぐず
꾸물꾸물, 우물쭈물

할 마음이 그다지 들지 않아서 결단이나 행동이 느린 모양
부사(〜と)

➕ する 하다

ぐずぐずしていると、電車に乗り遅れてしまいますよ。
우물쭈물하다가는 전철을 놓치고 말 거예요.

ぐずぐずしているうちに問題は大きくなるから、早く手を打った方がいいですよ。
우물쭈물하는 사이에 문제는 커지니까 빨리 손을 쓰는 편이 좋아요.

うじうじ
우물쭈물, 머뭇머뭇

무엇을 하려고 하면서 결심을 하지 못하고 머뭇거리는 모양
부사(〜と)

➕ する 하다

過ぎたことで、いつまでもうじうじしていないで、気分転換にでも出かけたらどうですか。
지난 일로 언제까지고 우물쭈물하지 말고 기분전환으로 외출이라도 하면 어떻습니까?

うじうじと悩んでいないで、行動に移してしまった方がいいですよ。
우물쭈물 고민만 하지 말고 행동으로 옮겨 버리는 편이 좋아요.

Part 1
사람에 관련된 의성어·의태어

もたもた
우물쭈물, 꾸물꾸물

서툴러서 태도나 동작이 분명하지 않고 느린 모양
부사(〜と)
➕ する 하다
❗ 신입사원

仲間の一人がいつももたもたするので、作業の調子が狂って大変です。
동료 중 한 사람이 늘 꾸물꾸물하기 때문에 작업 진행 상태가 엉망이 되어 힘듭니다.

彼はまだ仕事に慣れていないので、いつももたもたしています。
그는 아직 일이 익숙하지 않아서 늘 우물쭈물합니다.

もさもさ
꾸물꾸물

동작이 느린 모양
부사(〜と), な형용사(〜の)
➕ する 하다

選手を集めはしたけれど、みんなもさもさしていて士気が上がりません。
선수를 모으긴 모았는데 다들 꾸물꾸물해서 사기가 오르지 않습니다.

彼女は頭の回転が速すぎるので、彼のもさもさした態度が嫌で仕方ありません。
그녀는 머리 회전이 너무 빨라서 그의 꾸물꾸물한 태도가 몹시 싫습니다.

のっそり
꾸물꾸물, 느릿느릿

동작이 느린 모양
부사(〜と)
➕ する 하다   うごく 움직이다   あるく 걷다

牛の群れは、草を食べながらのっそりと動いていました。
소 떼는 풀을 먹으며 느릿느릿 움직이고 있었습니다.

彼はのっそりと身を起こすと、ゆっくりと部屋の中を見渡しました。
그는 느릿느릿 몸을 일으키더니 천천히 방 안을 둘러보았습니다.

43

だらだら
질질

빨리 할 수 있는데도 장황하게 질질 끄는 모양
할 마음이 없는 모양

부사(～と)

➕ する 하다

いつまでもだらだらと遊んでいないで、勉強するなり仕事をするなりしたらどうだ。
언제까지고 질질 끌며 놀지만 말고 공부를 하든 일을 하든 하면 어떻겠니?

うちの校長は朝礼でだらだらと同じ話を繰り返すから、死ぬほど退屈です。
우리 교장은 조례 때 같은 말을 장황하게 반복하니까 죽도록 지루합니다.

ざっと
대충, 건성건성

정성을 들이지 않고 대충 하는 모양

부사

➕ めをとおす 대강 훑어보다 ふれる 언급하다

彼は、朝起きると経済新聞にざっと目を通します。
그는 아침에 일어나면 경제 신문을 대충 훑어봅니다.

この作業はざっと見積もって、1週間はかかりそうです。
이 작업은 대충 어림잡아 일주일은 걸릴 것 같습니다.

ぶらぶら
빈둥빈둥, 어슬렁어슬렁

하는 일 없이 놀고 지내는 모양. 목적 없이 거니는 모양

부사(～と)

➕ する 하다

彼は大学を卒業したあと、就職もしないでぶらぶらしています。
그는 대학을 졸업한 후에 취직도 하지 않고 빈둥빈둥 지내고 있습니다.

原稿を書いていて疲れたので、ちょっと外をぶらぶららしてきました。
원고를 쓰다가 지쳤기 때문에 잠시 밖을 어슬렁어슬렁 돌아다니다 왔습니다.

ごろごろ

빈둥빈둥

하는 일 없이 시간을 보내는 모양

부사(〜と)

➕ する 하다

休日はいつも家でごろごろしながら音楽を聞いたりして過ごします。
휴일은 언제나 집에서 빈둥빈둥하면서 음악을 들으며 보냅니다.

彼は卒業後、就職もしないで家でごろごろしています。
그는 졸업 후 취직도 하지 않고 집에서 빈둥빈둥하고 있습니다.

서두르다·빠르다

そそくさ
허둥지둥

정신적으로 쫓겨 분주히 행동하는 모양
부사(〜と)
▶ する 하다

彼女は通話を終えると、そそくさと席を立って店を出て行きました。
그녀는 통화를 끝내고 허둥지둥 자리에서 일어나 가게를 나갔습니다.

彼はそそくさと荷物を車に積み込むと、私に挨拶もしないで行ってしまいました。
그는 허둥지둥 짐을 자동차에 싣자 내게 인사도 하지 않은 채 가 버렸습니다.

あたふた
허겁지겁, 허둥지둥

허둥대는 모양
부사(〜と)
▶ する 하다

緊急事態発生との連絡を受け、係長はあたふたと部屋を出て行きました。
긴급 사태 발생이라는 연락을 받고 계장님은 허둥지둥 방을 나갔습니다.

彼はあたふたと店に駆け込んできて、大きな声で私の名前を呼びました。
그는 허겁지겁 가게로 뛰어 들어와서 커다란 목소리로 내 이름을 불렀습니다.

おろおろ
허둥지둥, 갈팡질팡

두렵거나 놀라서 혹은 슬퍼서 어찌해야 좋을지 모른 채 당황하는 모양
부사(〜と)
▶ する 하다

津波警報が出たときは、おろおろするばかりでした。
해일 경보가 나왔을 때에는 허둥지둥할 뿐이었습니다.

大喧嘩をする親の前で、その子はおろおろしながら泣いていました。
대판 싸우는 부모님 앞에서 그 아이는 갈팡질팡하면서 울고 있었습니다.

Part 1
사람에 관련된 의성어·의태어

とっとと
냉큼, 빨리

재촉하는 모양
부사
➕ はじめる 시작하다 とりかかる 착수하다 でていく 나가다

とっとと仕事に取り掛かりなさい。
냉큼 일을 시작하세요.

いつまでもぐずぐず起きてないで、とっとと寝なさい。
언제까지고 꾸물꾸물 깨어 있지 말고 빨리 자렴.

ひょいひょい
획획

가볍게 움직이는 모양
부사(~と)
➕ する 하다

引越し屋さんたちは重い荷物をひょいひょいと運んでいきました。
이삿짐 인부들은 무거운 짐을 획획 운반해 갔습니다.

彼は独身なので、どこへでもひょいひょいと出掛けていくことができます。
그는 혼자 살기 때문에 어디에든 획획 외출할 수 있습니다.

ばたばた₁
쿵쾅, 쿵쿵, 푸드득푸드득

손이나 발, 날개 등을 계속해서 움직이는 소리
부사(~と)
➕ する 하다

怪我をした鳥が、地面で羽をばたばたさせています。
다친 새가 땅 위에서 깃털을 푸드득푸드득대고 있습니다.

プールで子どもたちが足をばたばたさせて水しぶきを上げています。
수영장에서 어린이들이 발을 동동 구르며 물보라를 일으킵니다.

47

Part 1
사람에 관련된 의성어·의태어

ばたばた₂
허둥지둥, 분주하게

급해서 쩔쩔매는 모양
분주히 뛰어다니거나 또 바쁜 모양
부사(~と)

➕ する 하다

ここ数日間、ばたばたしていてろくに食事もとっていません。
요 며칠간 허둥지둥하느라 제대로 식사도 못하고 있습니다.

最近はばたばたしていて人に会う余裕すらない状態です。
요즘은 너무 바빠서 다른 사람을 만날 여유조차 없는 상태입니다.

さっと
휙, 잽싸게, 순식간에

동작이 매우 재빠른 모양
부사

➕ かくれる 숨다 にげる 달아나다

猫は私の姿を見ると、自動車の陰にさっと姿を隠しました。
고양이는 내 모습을 보자마자 자동차 그림자로 휙 모습을 감췄습니다.

男が飛び掛ってきたとき、彼女はさっと身をかわすと、男の後頭部を思い切り蹴りました。
남자가 달려들었을 때 그녀는 잽싸게 몸을 돌려 피한 뒤 남자의 뒤통수를 있는 힘껏 찼습니다.

さっさと
재빨리, 잽싸게, 후다닥

결심하자마자 재빠르게 움직이는 모양
부사

➕ する 하다

こんな仕事はさっさと片付けてしまおう。
이런 일은 후다닥 정리해 버리자.

彼女は朝食を終えると、さっさと家を出て行きました。
그녀는 아침 식사를 끝내고 잽싸게 집을 나섰습니다.

사람과 사람 사이

めろめろ
물렁물렁함

상대방에게 흠뻑 빠져서 대하는 태도가 야무지지 못하고 맥을 못 추는 모양

な형용사(〜の)

➕ なる 되다

彼女に愛の告白をされて、彼はめろめろになってしまいました。
그녀에게 사랑 고백을 받고 그는 물렁물렁해졌습니다.

彼はきれいな女性の近くに行くと、すぐめろめろになってしまいます。
그는 아름다운 여성 근처에 가면 바로 맥을 못 추게 되어 버립니다.

でれでれ
알랑알랑

이성에게 사족을 못 쓰고 알랑거리는 모양

부사(〜と), な형용사(〜の)

➕ する 하다

cf 주로 남자가 여자에게 알랑거리는 모습을 나타냅니다.

彼は美女を前にするといつもでれでれして、みっともないです。
그는 미녀를 앞에 두면 늘 알랑알랑거려서 꼴사납습니다.

彼は、好きな異性と一緒になると、ついでれでれしてしまいます。
그는 좋아하는 이성과 함께 있으면 무의식중에 사족을 못 쓰게 됩니다.

べったり
찰싹, 찰딱, 착

딱 들러붙은 모양

부사(〜と), な형용사(〜の)

❗ 연인

その子はいつもお母さんにべったりです。
그 아이는 언제나 엄마에게 찰싹 달라붙어 있습니다.

マスコミはいつでも、庶民の味方に見せかけて、実は体制にべったりです。
언론은 언제나 서민 편인 척하지만, 실제로는 체제에 착 들러붙어 있습니다.

성격

しっかり
착실히, 똑똑히, 빈틈없이

기량이나 성질, 생각 등이 견실한 모양
심신이 건전한 모양

부사(〜と)

➕ する 하다

彼は考え方が しっかりしているので、信頼できます。
그는 사고방식이 건전하기 때문에 신뢰할 수 있습니다.

きみが しっかりしてくれないと、僕たちは困るんだ。
네가 빈틈없이 해 주지 않으면 우리는 난처해.

ぼんやり
우두커니, 멍하니

맥이 빠져 있거나 얼이 빠져서 집중하지 못하는 모양

부사(〜と)

➕ する 하다
❗ 피곤하거나 걱정거리가 있음

彼女は机に向かったまま、ぼんやりと昔のことを考えていました。
그녀는 책상에 앉은 채 우두커니 옛날 일을 생각하고 있었습니다.

ぼんやりしながら横断歩道を渡っていたら、車にひかれそうになりました。
멍하니 횡단보도를 건너다가 자동차에 치일 뻔 했습니다.

がっちり
야무지게, 알뜰하게

성질에 빈틈이 없는 모양. 금전 면에서 야무진 모양

부사(〜と)

➕ する 하다 かせぐ 돈을 벌다

彼は がっちりしているので、募金に応じてくれるかどうか分かりませんよ。
그는 알뜰하기 때문에 모금에 응해 줄지 여부는 모르겠습니다.

彼は一度捕らえた獲物は がっちりと離しませんよ。
그는 한번 잡은 사냥감은 꽉 잡고 놔주지 않습니다.

Part 1
사람에 관련된 의성어·의태어

うっかり
깜빡, 무심코

넋을 놓고 있거나 부주의한 채로 생각 없이 무슨 일을 하는 모양

부사(〜と)

➡ する 하다 わすれる 잊다

❗ 지하철에 우산을 놓고 내림

秘密にしていたことを、うっかりしゃべってしまいました。
비밀로 삼았던 것을 깜빡 말해 버렸습니다.

忙しさにかまけて、友達との約束をうっかり忘れていました。
너무 바쁜 나머지 친구와 한 약속을 깜빡 잊고 있었습니다.

あっさり
담박하게, 시원스럽게

별로 구애 받지 않고 일을 결정하는 태도나 성격

부사(〜と)

➡ する 하다

彼は物事にこだわらない、あっさりした性格の持ち主です。
그는 사물에 집착하지 않는 담박한 성격의 소유자입니다.

犯人は自分の犯行をあっさりと認めました。
범인은 자신의 범행을 시원스럽게 인정했습니다.

のんびり
느긋하게, 한가로이

마음에 근심 걱정이 없어 태평하고 여유로운 상태

부사(〜と)

➡ する 하다

休暇を取ったら、どこかでのんびり過ごしたいです。
휴가를 받으면 어딘가에서 느긋하게 보내고 싶습니다.

彼はのんびりした性格なので、競争はあまり好きではありません。
그는 느긋한 성격이어서 경쟁은 그다지 좋아하지 않습니다.

Part 1
사람에 관련된 의성어·의태어

かちかち
완고함, 고루함

성격이 까다롭고 융통성이 없는 모양
な형용사(〜の)

そんな**かちかち**の頭じゃ、新しい状況に対応できませんよ。
그렇게 완고한 머리로는 새로운 상황에 대응할 수 없어요.

彼は頭が**かちかち**だから、どう説明しても理解してくれないと思いますよ。
그는 생각이 고루해서 뭐라고 설명해도 이해해 주지 않을 거예요.

기대·안심

いそいそ
들떠 있음

기쁨에 겨워 행동이 가볍고 경쾌한 모양

부사(~と)

➕ する 하다

彼女は化粧を終えると、いそいそと出かけて行きました。
그녀는 화장을 끝내고 들떠서 외출했습니다.

私が就職できたことを知り、母はいそいそとお祝いのご馳走を作り始めました。
내가 취직했다는 것을 알고 엄마는 들떠서 축하 음식을 만들기 시작했습니다.

どきどき
두근두근

운동, 두려움, 기대 등으로 인하여 가슴이 두근거리는 모양

부사(~と)

➕ する 하다

❗ 대중 앞에 서야 할 때, 공포 영화를 볼 때

みんなの発表が終わった後、どきどきしながら審査結果を待っていました。
모든 사람의 발표가 끝난 후 두근두근하며 심사 결과를 기다렸습니다.

私のブログがたくさんの人たちに見られていると思うと、胸がどきどきします。
내 블로그를 많은 사람들이 본다고 생각하면 가슴이 두근두근합니다.

ぞくぞく
두근두근

기쁘거나 흥분하여 가슴이 설레는 모양

부사(~と)

➕ する 하다

彼の歌を聴いていると、いつもぞくぞくしてきます。
그의 노래를 듣고 있으면 언제나 두근두근합니다.

本好きの彼は、本屋の前を通るだけでぞくぞくしてくるそうです。
책을 좋아하는 그는 책방 앞을 지나가기만 해도 두근두근한다고 합니다.

うきうき
들썩들썩, 들썽들썽

기쁘거나 즐거워서 마음이 들뜬 모양

부사(〜と), な형용사(〜の)

➕ する 하다

❗ 축제, 프러포즈 받았을 때

彼女は初めてのデートに、うきうきしながら出かけていきました。
그녀는 첫 데이트에 들떠서 외출했습니다.

初めて地下鉄に乗ったとき、気分がとてもうきうきしていたのを覚えています。
처음 지하철을 탔을 때 기분이 매우 들썩들썩했던 것을 기억합니다.

わくわく
두근두근

기대로 마음이 설레는 모양

부사(〜と), な형용사(〜の)

➕ する 하다

❗ 모험을 떠날 때, 선물을 뜯을 때

うちの子は、遠足の前日はわくわくしてなかなか眠れないようです。
우리집 아이는 소풍 전날은 두근두근해서 좀처럼 잠들지 못하는 모양입니다.

その子は、期待に胸をわくわくさせてプレゼントのリボンをほどきはじめました。
그 아이는 기대로 가슴이 두근두근하여 선물 리본을 풀기 시작했습니다.

ほっと
후유

걱정이 없어져서 안심하는 모양

부사

➕ する 하다

被災地にいる家族が全員無事であることを知り、ほっとしました。
재난 지역에 있던 가족이 전원 무사하다는 것을 알고 안심했습니다.

今、レポートを書き終えて、ほっと一息ついているところです。
지금 보고서를 다 쓰고 후유 하고 한숨 놓은 참입니다.

さっぱり
말쑥이, 산뜻하게

기분이 개운한 모양

부사(〜と)

➕ する 하다

髪を短く切って、さっぱりしました。
머리카락을 짧게 자르니 산뜻해졌습니다.

あの人と縁が切れて、気分がさっぱりしました。
저 사람과 인연을 끊어서 기분이 개운해졌습니다.

うっとり
황홀히, 넋을 잃고

아름다운 것에 마음을 빼앗겨 멍하니 있는 모양

부사(〜と)

➕ する 하다　みとれる 넋을 잃고 보다　ききほれる 도취되어 듣다

彼女は彼の歌声にうっとりと聞きほれていました。
그녀는 그의 노랫소리에 도취되어 넋을 잃고 들었습니다.

建物の中に入った瞬間、その美しさにうっとりしてしまいました。
건물 안으로 들어간 순간, 그 아름다움에 황홀해졌습니다.

실망·불안·피로

はらはら
조마조마

사람이나 사물의 모습이 위태로워서 염려하는 모양
부사(〜と)
➡ する 하다
❗ 물가에 내놓은 아이를 바라보는 듯한 느낌

彼女はピアノ発表会で、緊張した息子の演奏をはらはらしながら見守っていました。
그녀는 피아노 발표회에서 긴장한 아들의 연주를 조마조마하며 지켜보았습니다.

ロッククライミングする登山家の様子をはらはらしながら見ていました。
암벽 등반을 하는 등산가의 모습을 조마조마하며 보고 있었습니다.

そわそわ
안절부절못함

신경 쓰이는 일이 있어서 침착하지 못하고 불안해하는 모양
부사(〜と)
➡ する 하다

彼が店に入ってくると、彼女は急にそわそわしだして時計を見ました。
그가 가게에 들어오자 그녀는 갑자기 안절부절못하고 시계를 봤습니다.

授業が終わりに近くなっても、そわそわしてはいけません。
수업이 끝나가도 안절부절못하면 안 됩니다.

おどおど
주뼛주뼛, 흠칫흠칫, 주저주저

자신이 없어서 불안해하는 모양
부사(〜と)
➡ する 하다

その学生は、教授の部屋におどおどしながら入ってきました。
그 학생은 교수 방에 주뼛주뼛하면서 들어왔습니다.

彼は誰に会うときもおどおどしています。
그는 누구를 만날 때나 주저주저합니다.

Part 1
사람에 관련된 의성어·의태어

ぎょっと
섬뜩, 흠칫, 철렁

갑작스러운 일에 놀라서 두려움이나 불안을 느끼는 모양
부사
➕ する 하다

草むらの中から突然ネズミが飛び出してきたときは、ぎょっとしました。
풀숲에서 갑자기 쥐가 튀어나왔을 때는 흠칫 놀랐습니다.

アパートの階段で指名手配の写真の男とそっくりな人を見たときは、ぎょっとしました。
아파트 계단에서 지명수배 사진에 있는 남자와 똑같이 생긴 사람을 보았을 때는 가슴이 철렁했습니다.

ひやり
섬뜩, 오싹, 철렁, 덜컹

순간적으로 위험이나 무서움을 느끼는 모양
부사(〜と)
➕ する 하다

雪道で車がスリップしたときは、ひやりとしました。
눈길에서 자동차가 미끄러졌을 때는 가슴이 덜컹했습니다.

対向車が中央車線をはみ出してきたときは、一瞬ひやりとしました。
맞은편에서 달려오는 차가 중앙선을 침범했을 때는 순간적으로 철렁했습니다.

びくびく
흠칫흠칫, 벌벌

바라지 않은 일이 일어날까 봐 겁이 나서 떠는 모양
부사(〜と)
➕ する 하다　おびえる 겁먹다

社長がいつ雷を落とすか分からないので、役員たちはびくびくしています。
사장이 언제 호통을 칠지 몰라서 임원들은 벌벌 떨고 있습니다.

今にも崩れ落ちそうなつり橋を、びくびくしながら渡りました。
금방이라도 무너져 내릴 것 같은 현수교를 벌벌 떨면서 건넜습니다.

がっかり
실망(하다), 낙담(하다)

기대가 어긋나 맥이 빠진 모양
부사(~と)
➕ する 하다

インターネットで買った服が思っていたものと違うので、がっかりしました。
인터넷에서 산 옷이 생각했던 것과 달랐기 때문에 낙담했습니다.

今回の彼の発言には、ちょっとがっかりさせられました。
이번 그의 발언에는 좀 실망했습니다.

しょんぼり
쓸쓸히, 기운 없이

좋지 않은 일이 있어서 풀이 죽거나 기운이 없는 모양
부사(~と)
➕ する 하다

彼は落とした財布が出てこなかったので、しょんぼりして帰ってきました。
그는 떨어뜨린 지갑을 찾지 못해서 풀이 죽은 채 돌아왔습니다.

彼はいつも一人でしょんぼりとお昼ご飯を食べています。
그는 언제나 혼자서 쓸쓸히 점심밥을 먹습니다.

がっくり
푹, 탁, 덜컥

실망, 낙담, 피로 등으로 갑자기 기운을 잃는 모양
맥이 빠져 갑자기 부러지거나 꺾이거나 휘는 모양
부사(~と)
➕ する 하다

落選の知らせに、候補者はがっくりと肩を落としました。
낙선 소식에 후보자는 어깨가 푹 처졌습니다.

「OTL」は、両手両膝をついて、がっくりとうなだれている人を描写した一種の絵文字です。
'OTL'은 양손과 양무릎을 짚고 실망해서 고개를 숙인 사람을 묘사한 일종의 그림문자(이모티콘)입니다.

うんざり
지긋지긋하게, 지겹게, 진절머리 나게

질색이어서 넌더리가 나는 모양
부사(〜と)
➕ する 하다

あの人の自慢話には、もううんざりです。
저 사람의 자기 자랑에는 이제 진절머리가 납니다.

いつも同じものばかり食べていたら、いい加減うんざりしてきました。
늘 같은 것만 먹었더니 이제 슬슬 지겨워졌습니다.

はっと
깜짝, 문득, 퍼뜩

뜻하지 않은 일로 놀라는 모양이나 문득 생각이 미친 모양
부사
➕ する 하다 おもいつく 떠오르다 われにかえる 제정신이 들다

子どもの言葉にはっとさせられることがよくあります。
아이의 말에 깜짝 놀랄 때가 자주 있습니다.

誰かが私を呼ぶ声で、はっと我に返りました。
누군가가 나를 부르는 소리에 퍼뜩 제정신이 들었습니다.

もやもや
답답함, 우울함

마음이 답답하고 개운하지 않은 모양
부사(〜と), 명사
➕ する 하다

何日も外に出ないでいると、気分がもやもやしてきます。
며칠씩이나 밖으로 나가지 않으면 기분이 우울해집니다.

先生が説明してくださったおかげで、もやもやがやっと晴れました。
선생님이 설명해 주신 덕분에 답답했던 것이 겨우 풀렸습니다.

Part 1
사람에 관련된 의성어·의태어

ぐったり
축 늘어짐, 녹초가 됨

체력이나 기력을 잃어 쓰러질 것 같은 모습

부사(~と)

➡ する 하다

ここ数日猛暑が続いて、みんなぐったりしています。
요 며칠 무더위가 계속되어 다들 축 늘어졌습니다.

連日働きづめで、私たちは全員ぐったりしていました。
연일 쉬지 않고 일을 해서 우리는 전원 녹초가 되었습니다.

くたくた
기진맥진(함), 후줄근함

움직일 수 없을 정도로 몹시 지쳐 있는 모양
천 따위가 낡아서 당길 힘이 없는 모양

な형용사

➡ なる 되다 つかれる 지치다

トラックを10周も回らせられて、くたくたになってしまいました。
트랙을 열 바퀴나 돌아야 했더니 기진맥진해져 버렸습니다.

彼はいつもくたくたになったワイシャツを着ています。
그는 언제나 후줄근해진 와이셔츠를 입습니다.

웃다

にこにこ
생글생글, 싱글벙글

미소 짓고 있는 모양
부사(〜と)

▶ する 하다 わらう 웃다

あの子はいつ会ってもにこにこしていて感じがいいです。
저 아이는 언제 만나도 싱글벙글해서 느낌이 좋습니다.

いつも不機嫌な彼が、今日はにこにこ笑っていました。
언제나 기분이 좋지 않은 그가 오늘은 싱글벙글 웃고 있었습니다.

にんまり
빙그레, 빙긋

일이 뜻대로 되어 내심 만족하여 소리 없이 웃는 모양
부사(〜と)

▶ する 하다

泥棒は、盗んできた宝石を見てにんまりとしました。
도둑은 훔쳐 온 보석을 보고 빙긋 웃었습니다.

彼は、捨てられていた本の束から高価な古書を抜き取って、にんまりしました。
그는 버려진 책 묶음에서 값비싼 고서를 빼내고 빙긋 웃었습니다.

にやり
히죽, 빙긋

일이 뜻대로 되어 저절로 웃음이 새어 나오는 모양
부사(〜と)

▶ する 하다 わらう 웃다

その子は、いたずらが成功したので、にやりと笑いました。
그 아이는 장난이 성공해서 히죽 웃었습니다.

彼らは相手が計略にはまったことを知り、顔を見合わせてにやりとしました。
그들은 상대방이 계략에 빠져든 것을 알고 얼굴을 맞대고 빙긋 웃었습니다.

にやにや
히죽히죽, 싱글싱글

우스웠던 일이나 나쁜 짓 같은 것을 회상하면서 히죽거리는 모양

부사(~と)

➕ する 하다　わらう 웃다

そんなふうに<u>にやにや</u>笑ってないで、何があったのか話してください。
그런 식으로 히죽히죽 웃지 말고 뭐가 있었는지 이야기해 주세요.

私が先生に叱られているのを、クラスの仲間たちは<u>にやにや</u>しながら眺めていました。
내가 선생님에게 혼나는 것을 반 친구들은 히죽히죽 웃으며 보고 있었습니다.

くすくす
킥킥, 쿡쿡

참지 못하고 소리를 낮추어 몰래 웃는 소리

부사(~と)

➕ する 하다　わらう 웃다

❗ 회의 중, 수업 중

彼女は電車の中で本を読みながら、一人で<u>くすくす</u>笑っていました。
그녀는 전철 안에서 책을 읽으면서 혼자 쿡쿡 웃었습니다.

会議中に部長の頭にハエがとまっていたので、私は<u>くすくす</u>笑ってしまいました。
회의 중에 부장님 머리에 파리가 앉아 있었기 때문에 나는 쿡쿡 웃고 말았습니다.

げらげら
깔깔, 껄껄

거리낌 없이 크게 웃는 소리

부사(~と)

➕ する 하다　わらう 웃다

彼らは、つまらないギャグを言っては<u>げらげら</u>笑っていました。
그들은 재미없는 개그를 말하고 나서는 껄껄 웃었습니다.

ピエロのおどけた演技に観客たちは<u>げらげら</u>笑っていました。
피에로의 익살맞은 연기에 관객들은 깔깔 웃었습니다.

へらへら
실실

실없이 웃는 모양

부사(~と)

➕ する 하다　わらう 웃다

その<ruby>学生<rt>がくせい</rt></ruby>は、<ruby>先生<rt>せんせい</rt></ruby>に<ruby>叱<rt>しか</rt></ruby>られてもへらへら<ruby>笑<rt>わら</rt></ruby>っているだけでした。
그 학생은 선생님한테 혼나도 실실 웃기만 할 뿐이었습니다.

<ruby>彼<rt>かれ</rt></ruby>はいつもへらへらしているので<ruby>何<rt>なん</rt></ruby>となく<ruby>嫌<rt>いや</rt></ruby>な<ruby>感<rt>かん</rt></ruby>じがします。
그는 늘 실실거리고 있어서 어쩐지 싫은 느낌이 듭니다.

울다

えんえん
앙앙

아이가 소리를 내어 크게 우는 소리

부사(~と)

- えーんえーん
- なく 울다

女の子が道の真ん中でえんえん泣いていました。
여자아이가 길 한복판에서 엉엉 울고 있었습니다.

その子は大きな声で、えんえんと泣いていました。
그 아이는 커다란 소리로 엉엉 울고 있었습니다.

おいおい
엉엉

어른이 소리를 내어 크게 우는 소리

부사(~と)

- なく 울다

可愛がっていた動物が死んだので、彼女はおいおい泣いていました。
귀여워하던 동물이 죽어서 그녀는 엉엉 울었습니다.

愛する妻をなくした夫は、通夜の席でおいおいと泣き崩れていました。
사랑하는 아내를 잃은 남편은 장례식장에서 엉엉 쓰러져 울었습니다.

しくしく
흑흑

코를 훌쩍이며 힘없이 우는 소리(주로 여자에게 씀)

부사(~と)

- なく 울다

高校生の女の子が、友達から冷たくされてしくしく泣いていました。
고등학생인 여자아이가 친구가 차갑게 대했다고 해서 흑흑 울고 있었습니다.

あの子は甘えん坊で、ちょっと叱られただけですぐしくしく泣き出すんです。
저 아이는 어리광쟁이라서 조금만 야단을 맞아도 금방 흑흑 울기 시작합니다.

Part1
사람에 관련된 의성어·의태어

めそめそ
훌쩍훌쩍, 훌짝훌짝

소리 없이 또는 낮은 소리로 우는 모양. 걸핏하면 우는 모양. 울 만한 일이 아닌데 우는 모양

부사(～と)

➕ する하다　なく울다

うちの息子(むすこ)はすぐめそめそ泣(な)くから困(こま)っています。
우리 집 아들은 금방 훌쩍훌쩍 울어서 난처합니다.

いつまでもめそめそ泣(な)いていないで、ご飯(はん)でも食(た)べて元気(げんき)を出(だ)しなさい。
언제까지고 훌쩍훌쩍 울지만 말고 밥이라도 먹고 기운을 차리렴.

65

화내다

かんかん
노발대발

사람이 격해져 있는 모양
얼굴이 시뻘게져서 화내는 모양
な형용사(〜の), 부사(〜と)

➕ なる 되다　おこる 화내다

彼は妻のクレジットカード請求書を見て、**かんかん**になって怒りました。
그는 아내의 신용카드 청구서를 보고 노발대발 화를 냈습니다.

父は大切にしていた鉢植えを壊されて、**かんかん**に怒っていました。
아빠는 아끼던 화분이 부서져서 노발대발 화를 냈습니다.

ぷんぷん
버럭버럭

못마땅하여 화내는 모양. 화가 나서 무척 기분이 나쁜 모양
부사(〜と)

⇒ ぷりぷり

➕ する 하다　おこる 화내다

子どもたちにからかわれ、彼女は**ぷんぷん**怒って帰っていきました。
아이들이 놀려서 그녀는 버럭버럭 화를 내며 돌아가 버렸습니다.

何があったのか、彼女は朝から**ぷりぷり**怒っていて、一言も話しませんでした。
무슨 일이 있었는지 그녀는 아침부터 잔뜩 화가 나서 아무 말도 하지 않았습니다.

いらいら
안달복달

일이 뜻대로 진척되지 않아 조바심이 나거나 초조한 모양(약간 화가 나 있음)
부사(〜と)

➕ する 하다

❗ 오랜 시간 기다릴 때, 몇 번이나 실패할 때

コンピュータが何度もダウンするので、本当に**いらいら**します。
컴퓨터가 몇 번이나 다운되기 때문에 무척 조바심이 납니다.

約束の時間が迫っているのに渋滞に巻き込まれ、とても**いらいら**しました。
약속 시간이 다가오는데 차가 너무 막혀서 몹시 안달복달합니다.

Part 1
사람에 관련된 의성어·의태어

ぴりぴり
신경이 곤두서 있음

긴장해서 몹시 신경이 예민해진 모양
부사(〜と)
➕ する 하다
❗ 시험 직전

彼は試験勉強でぴりぴりしているので、今は近づかないほうがいいですよ。
그는 시험공부 때문에 신경이 날카로워서 지금은 다가가지 않는 편이 좋습니다.

最近、職場の人間関係がぴりぴりしています。
최근에 직장 내 인간관계에 긴장감이 돌고 있습니다.

がみがみ
구시렁구시렁

못마땅하여 심하게 꾸짖거나 잔소리하는 모양
부사(〜と)
➕ おこる 화내다 どなる 호통을 치다
❗ 부모님, 회사 상사

彼女はいつも子どもをがみがみ叱っています。
그녀는 언제나 아이를 구시렁구시렁 혼냅니다.

分かったから、もうがみがみ言うのはやめてください。
알겠으니까 더 이상 구시렁구시렁 이야기하는 것은 그만두세요.

むらむら
부글부글, 불끈불끈

갑자기 울화나 욕망 등 격한 감정이 솟구치는 모양
부사(〜と), な형용사(〜の)

美人で秀才の彼女を見ていると、嫉妬心がむらむらと湧きあがってきます。
미인이고 수재인 그녀를 보고 있으면 질투심이 부글부글 끓어오릅니다.

お前にはできないと言われ、ならやってやるという思いがむらむらと湧いてきました。
너에겐 불가능하다는 말을 듣고, 그렇다면 해 보겠다는 생각이 부글부글 끓었습니다.

Part 2

사물에 관련된 의성어 · 의태어

돌다·구르다 | 흔들리다 | 가볍다·얇다 | 부드럽다 | 명확하다 | 깔끔하다·예쁘다 | 더럽다·어수선하다 | 단단하다 | 무겁다 | 빠르다 | 흩어지다·비다 | 많다 | 두드리다·부딪치다 | 부서지다 | 찢다·자르다 | 변화 | 촉감 | 생김새 | 요리 | 음식과 맛 | 기타 | 생활소리

돌다·구르다

くるくる
빙빙, 빙글빙글, 둘둘, 뱅글뱅글, 친친, 핑핑

물건이 가볍게 자꾸 도는 모양
긴 것을 감는 모양

부사(~と), な형용사(~の)

➕ する 하다　まわる 돌다　まわす 돌리다　まく 말다
❗ 팽이, 파마 머리

文房具屋の前で風車が<u>くるくる</u>回っています。
문방구 앞에서 바람개비가 빙글빙글 돌고 있습니다.

忙しくて目が<u>くるくる</u>回りそうです。
바빠서 눈이 핑핑 돌 것 같습니다.

ぐるぐる
빙글빙글, 빙빙, 둘둘

몇 번이고 돌거나 물건을 몇 차례씩 감는 모양

부사(~と), な형용사(~の)

➕ する 하다　まわる 돌다　まわす 돌리다　まく 말다

海の中で渦巻きが<u>ぐるぐる</u>回っています。
바닷속에서 소용돌이가 빙글빙글 돌고 있습니다.

彼女はマフラーを首に<u>ぐるぐる</u>巻いて外に出ました。
그녀는 목도리를 목에 둘둘 말고 밖으로 나갔습니다.

ころころ
때굴때굴, 여기저기

작은 것이 구르는 모양
여기저기 지천으로 널려 있는 모양

부사(~と), な형용사(~の)

➕ する 하다　ころがる 구르다　ころがす 굴리다
❗ 작은 공, 콩

道を歩いていると、公園から野球のボールが<u>ころころ</u>転がってきました。
길을 걷는데 공원에서 야구공이 때굴때굴 굴러 왔습니다.

川岸にはたくさんの小石が<u>ころころ</u>転がっています。
강가에는 많은 자갈이 여기저기 널려 있습니다.

Part 2
사물에 관련된 의성어·의태어

ごろごろ
데굴데굴, 여기저기

큰 것이 육중하게 구르는 모양
여기저기 지천으로 널려 있는 모양

부사(〜と), な형용사(〜の)

➕ する 하다 ころがる 구르다 ころがす 굴리다
❗ 바위

この山は岩がごろごろしています。
이 산에는 바위가 여기저기 널려 있습니다.

子どもが大きなボールをごろごろ転がしています。
아이가 커다란 공을 데굴데굴 굴리고 있습니다.

흔들리다

ぶらぶら
대롱대롱, 흔들흔들

매달려서 흔들리는 모양
부사(〜と)

➕ する 하다　ゆれる 흔들리다
❗ 그네

その子は机の上に座って脚をぶらぶらさせていました。
그 아이는 책상 위에 앉아서 다리를 흔들거리고 있습니다.

首にぶら下げたカメラがぶらぶら揺れて、歩きにくいです。
목에 건 카메라가 대롱대롱 흔들려서 걷기 힘듭니다.

ゆらゆら
흔들흔들, 한들한들

가볍게 흔들리는 모양
부사(〜と)

➕ する 하다　ゆれる 흔들리다
❗ 약한 지진, 물속

水中で海藻がゆらゆらと揺れています。
물속에서 해초가 한들한들 흔들리고 있습니다.

揺りかごがゆらゆら揺れています。
요람이 흔들흔들 흔들리고 있습니다.

ぐらぐら
흔들흔들

불안정하게 몹시 흔들리는 모양
부사(〜と), な형용사(〜の)

➕ する 하다　ゆれる 흔들리다
❗ 강한 지진

野球のボールが顔に当たって、歯がぐらぐらになってしまいました。
야구공에 얼굴을 맞아서 이가 흔들거립니다.

地震がおさまったあともしばらく、建物の40階はぐらぐらと揺れていました。
지진이 잠잠해진 후에도 한동안 건물 40층은 흔들흔들 흔들렸습니다.

가볍다·얇다

ひらひら
팔랑팔랑, 펄럭펄럭

종잇조각이나 나뭇잎처럼 가볍고 얇은 것이 바람에 나부끼는 모양

부사(〜と), な형용사(〜の), 명사

➕ する 하다　まう (얇은 것이) 흩날리다
❗ 깃발, 나비

紙切(かみき)れが<u>ひらひら</u>と風(かぜ)に舞(ま)っていました。
종잇조각이 팔랑팔랑 바람에 날리고 있습니다.

彼女(かのじょ)は長(なが)い袖(そで)を風(かぜ)に<u>ひらひら</u>させて、家(いえ)の前(まえ)に立(た)っていました。
그녀는 긴 소매를 바람에 팔랑이며 집 앞에 서 있었습니다.

ぺらぺら
흐르르함

종이, 천 등이 얇고 빈약한 모양

부사(〜と), な형용사(〜の)

➕ する 하다
❗ 종이, 옷, 얇은 여름용 이불

こんな<u>ぺらぺら</u>の紙(かみ)では、箱(はこ)は作(つく)れません。ボール紙(がみ)をください。
이런 흐르르한 종이로는 상자는 만들 수 없습니다. 마분지를 주세요.

これは一見(いっけん)<u>ぺらぺら</u>の紙(かみ)ですが、実(じつ)は携帯用(けいたいよう)のモニターです。
이것은 언뜻 보기에 흐르르한 종이이지만 실은 휴대용 모니터입니다.

부드럽다

ふわふわ
푹신푹신

가볍고 부드러운 모양
부사(〜と), な형용사(〜の)
- する 하다
- 동물 털, 빵, 스웨터

ハムスターの毛って、ふわふわで気持ちよさそうですね。
햄스터의 털은 폭신폭신해서 기분 좋아 보여요.

ふわふわのパウンドケーキを作ってみました。
푹신푹신한 파운드 케이크를 만들어 보았습니다.

ふかふか
폭신폭신, 푹신푹신

부드럽게 부푼 모양
부사(〜と), な형용사(〜の)
- する 하다
- 베개, 이불, 침대

旅行から帰ったら、ふかふかの布団で眠りたいです。
여행에서 집으로 돌아가면 푹신푹신한 이불 속에서 자고 싶습니다.

このクッションはふかふかして気持ちいいですね。
이 쿠션은 폭신폭신해서 기분이 좋습니다.

ふにゃふにゃ
흐물흐물

너무 부드러워서 탄력이 없는 모양
부사(〜と), な형용사(〜の)
- する 하다   なる 되다

クッキーをお皿の上に出しておいたら、湿気でふにゃふにゃになってしまいました。
쿠키를 접시 위에 내놓았더니 습기 때문에 흐물흐물해져 버렸습니다.

うどんの汁の中でふにゃふにゃになった天ぷらの衣が好きです。
우동 국물 안에서 흐물흐물해진 튀김옷을 좋아합니다.

Part2
사물에 관련된 의성어·의태어

ふっくら
포동포동, 뭉실뭉실

부드럽게 부푼 모양
부사(~と)
➡ ふっくり
➕ する 하다

その子はふっくらとしたほっぺたがとても可愛いです。
그 아이는 포동포동한 볼이 무척 귀엽습니다.

パンがオーブンの中でふっくらと膨らんできました。
빵이 오븐 안에서 뭉실뭉실하게 부풀어 올랐습니다.

ぐにゃぐにゃ
누글누글, 흐늘흐늘, 흐물흐물

너무 부드러워서 변형되기 쉬운 모양
부사(~と), な형용사(~の)
➕ する 하다　なる 되다
❗ 고무

プラスチックが熱でぐにゃぐにゃになってしまいました。
플라스틱이 열 때문에 흐물흐물해졌습니다.

ユムシはぐにゃぐにゃして気持ち悪いですが、食べるとけっこういけます。
개불은 흐물흐물해서 징그럽지만 먹으면 꽤 맛있습니다.

명확하다

はきはき
또깡또깡, 또랑또랑, 시원시원

말투나 태도가 확실하고 분명한 모양

부사(〜と)

➕ する 하다

その子はいつもはきはきと答えるので印象がいいです。
그 아이는 언제나 또랑또랑 대답하기 때문에 인상이 좋습니다.

お客様には、はきはきした態度で接してください。
손님에게는 시원시원한 태도로 대해 주세요.

ちゃんと
분명히, 틀림없이, 정확히

기준이나 규칙에 맞는 모양

부사

➕ する 하다

本を読んだら、ちゃんと元あった場所に戻してくださいね。
책을 읽으면 원래 있었던 자리에 제대로 되돌려 주세요.

隠し立てしないで、あったことをちゃんと話してください。
구태여 숨기려고 하지 말고 있었던 일을 정확히 말해 주세요.

はっきり
뚜렷이, 확실히, 분명히

애매하지 않고 명확한 모양

부사(〜と)

➕ する 하다 わかる 이해되다

この計算方法について、まだはっきり分からないところがあります。
이 계산 방법에 대해 아직 확실하게 이해가 안 가는 부분이 있습니다.

曖昧な点がないように、はっきりと説明してください。
애매한 점이 없게끔 확실하게 설명해 주세요.

Part2
사물에 관련된 의성어·의태어

しっかり
확실하게, 똑똑히

기억이나 판단력 등이 확실한 모양

부사(~と)

する 하다 おぼえる 기억하다 わかる 이해하다

うちのおばあちゃんは、まだ頭はしっかりしています。
우리 할머니는 아직 정신은 멀쩡합니다.

きみは責任者なんだから、しっかりしてくれないと困るよ。
자네는 책임자니까 확실하게 해 주지 않으면 난처해.

てっきり
틀림없이, 꼭

거의 확실하다고 생각되는 모양(예상과 다른 경우에 사용)

부사(~と)

おもう 생각하다

cf 「てっきり」는 오해가 밝혀진 뒤에 쓰는 표현입니다. '이러이러하게 생각했지만 오해였다'라는 느낌이 들어 있습니다.

てっきりこれは私の本だと思っていました。
(틀림없이) 이것은 제 책인 줄 알았습니다. (하지만 아니었습니다.)

あ、田中さん来たんですね。てっきり今日は休むと思ってました。
아, 다나카 씨 왔군요. 오늘은 (꼭) 쉰다고 생각했지 뭐예요.

깔끔하다 · 예쁘다

すっきり
말쑥이, 산뜻

쓸데없는 것이 없고 기분 좋게 정돈되어 있는 모양
부사(~と)
➕ する 하다
❗ 청소, 용변 후

掃除をしたら、部屋がすっきりしました。
청소를 했더니 방이 말쑥해졌습니다.

トイレで用を足してすっきりしてから勉強を続けました。
화장실에서 볼일을 보고 개운해진 뒤 공부를 계속했습니다.

さっぱり
깔끔히, 산뜻

산뜻하고 담박하거나 깔끔한 모양
부사(~と)
➕ する 하다
❗ 목욕, 미용

今日は暑かったけれど、シャワーを浴びたらさっぱりしました。
오늘은 더웠지만 샤워를 하니 산뜻해졌습니다.

3か月ぶりに髪を切って、さっぱりしました。
세 달만에 머리카락을 잘랐더니 깔끔해졌습니다.

きちんと
깔끔히, 말쑥이,
규칙적으로

정돈되어 흩어지지 않은 모양이나 규칙적인 모양
부사
➕ する 하다
❗ 청소

彼女の部屋はきちんと片付けられています。
그녀의 방은 말쑥이 정리되어 있습니다.

私たちは、毎月きちんと貯蓄をする習慣が必要です。
우리는 매달 규칙적으로 저축을 하는 습관이 필요합니다.

Part2
사물에 관련된 의성어·의태어

ぴかぴか
반짝반짝, 번쩍번쩍

윤이 나며 반짝이는 모양
빛을 내며 강하게 반짝이는 모양
부사(～と), な형용사(～の)

- する 하다　なる 되다　ひかる 빛나다
- 잘 닦인 마루, 광을 낸 구두

私の車はいつも洗車して**ぴかぴか**になっています。
내 차는 늘 세차하여 반짝반짝합니다.

鈴木さんの家の床はいつも**ぴかぴか**に磨かれています。
스즈키 씨의 집 마루는 늘 반짝반짝하게 닦여 있습니다.

きらきら
반짝반짝

조그마한 것이 아름답게 반짝이는 모양
부사(～と)

- する 하다　かがやく 빛나다　ひかる 빛나다
- 눈, 보석

新学期が始まって、子どもたちの目が**きらきら**と輝いています。
신학기가 시작되어 아이들의 눈이 반짝반짝 빛납니다.

カラオケボックスの室内で、ミラーボールが**きらきら**光りながら回っています。
노래방 실내에 미러볼이 반짝반짝 빛나면서 돌고 있습니다.

つやつや
반들반들, 반질반질

윤이 나고 아름다운 모양
부사, な형용사(～の)

- する 하다
- 머리카락, 피부, 가구

彼女は健康管理を怠らないので、肌がいつも**つやつや**しています。
그녀는 건강관리를 소홀히 하지 않기 때문에 피부가 늘 반들반들합니다.

髪を**つやつや**に保つには、相応のお金が要ります。
머리카락을 윤기나게 유지하려면 꽤 많은 돈이 필요합니다.

더럽다 · 어수선하다

くしゃくしゃ
꼬깃꼬깃, 쭈글쭈글

종이나 헝겊 등이 구겨진 모양
너저분하게 흩어지고 어지럽게 뒤섞인 모양
부사(～と), な형용사(～の)

➕ する 하다

彼はガムを口に入れると、包み紙をくしゃくしゃ丸めてくずかごに捨てました。
그는 껌을 입에 넣더니 포장지를 꼬깃꼬깃 뭉쳐서 쓰레기통에 넣었습니다.

あの店員は本当に不器用で、ラッピングがいつもくしゃくしゃです。
저 점원은 손재주가 정말 없어서 언제나 포장이 쭈글쭈글합니다.

よれよれ
구깃구깃

옷이 낡아서 모양이 망가지고 구겨진 모양
な형용사(～の)

➕ なる 되다

彼はハンサムなのに、よれよれのワイシャツを着ているので女性にもてません。
그는 잘생겼는데도 구깃구깃한 와이셔츠를 입기 때문에 여성에게 인기가 없습니다.

10年も使ったら、革のかばんもだいぶよれよれになってきました。
10년이나 사용했더니 가죽 가방도 제법 구깃구깃해졌습니다.

ぼさぼさ
부스스

머리카락을 헝클어진 채로 두는 모양
부사(～と), な형용사(～の)

➕ する 하다　なる 되다
❗ 자다 깬 머리

彼は髪もとかさず、ぼさぼさした頭のまま出勤しました。
그는 머리카락도 빗지 않고 부스스한 머리인 채로 출근했습니다.

車の窓を開けて運転していたら、風で髪がぼさぼさになってしまいました。
자동차 창문을 열고 운전하니 바람 때문에 머리카락이 부스스해져 버렸습니다.

Part2
사물에 관련된 의성어·의태어

ごたごた
어지러이

여러 가지가 한데 섞여 정돈되어 있지 않고 어수선한 모양

부사(〜と), 명사, な형용사(〜の)

➡ ごちゃごちゃ
➕ する 하다　なる 되다

机の上が<u>ごちゃごちゃ</u>で、何がどこにあるのか自分でも分かりません。
책상 위가 어지러워서 어디에 무엇이 있는지 저 자신도 모릅니다.

彼の書いた文章は、<u>ごたごた</u>と内容を詰め込んでいるので読みにくいです。
그가 쓴 글은 어지럽게 내용을 담아 놓아서 읽기 어렵습니다.

めちゃくちゃ
엉망진창, 뒤죽박죽

망가지거나 흐트러지거나 하여 정상이 아닌 모양

な형용사

➡ めちゃめちゃ　むちゃくちゃ　ぐちゃぐちゃ
➕ なる 되다

整理した書類が風に飛ばされて、順番が<u>めちゃくちゃ</u>になってしまいました。
정리한 서류가 바람에 날려서 순서가 뒤죽박죽이 되어 버렸습니다.

彼の主張はいつも論理が<u>めちゃくちゃ</u>です。
그의 주장은 언제나 논리가 엉망진창입니다.

단단하다

かちかち
딱딱, 째깍째깍

단단한 물건이 연거푸 부딪히며 나는 소리
부사(～と), な형용사
- する 하다　いう 소리가 나다　なる 울리다
- 시계

耳をすますと、時計のかちかちなる音が聞こえてきました。
귀를 기울이면 시계의 째깍째깍 하는 소리가 들려 옵니다.

パン屋でトングを手に持つと、思わずかちかち鳴らしてしまいます。
빵집에서 집게를 손에 들면 저도 모르게 딱딱 소리를 냅니다.

かりかり
바삭바삭, 아삭아삭, 오도독오도독

단단한 것을 깨물거나 깎을 때 나는 소리
부사(～と)
- する 하다　かむ 깨물다　かじる 갉아먹다

ウサギがニンジンをかりかりとかじっています。
토끼가 당근을 아삭아삭 갉아먹고 있습니다.

このコロッケは、表面がかりかりしてとてもおいしいです。
이 크로켓은 겉이 바삭바삭해서 매우 맛있습니다.

ごりごり
박박, 득득, 딱딱

딱딱한 물건을 세게 문지르는 모양이나 소리
부사(～と), な형용사
- する 하다

胡麻をすり鉢に入れて、ごりごりすってください。
참깨를 절구에 넣고 박박 갈아 주세요.

体のごりごりした部分をよく揉んでほぐすと疲れが和らぐそうです。
몸의 뭉친 부분을 잘 주물러서 풀면 피로가 누그러진대요.

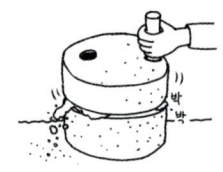

무겁다

どっしり
묵직이

안정감 있게 크고 무거운 모양

부사(~と)

➕ する 하다

先代の社長が使っていた机は、どっしりとした重厚感があります。
선대 사장이 사용했던 책상은 묵직한 중후함이 있습니다.

この鍋はどっしりとした安定感があります。
이 냄비는 묵직한 안정감이 있습니다.

ずっしり
묵직이

들었을 때 묵직한 느낌이 드는 모양

부사(~と)

❗ 가방, 짐

本を詰め込んだリュックサックが、ずっしりと肩に食い込んできます。
책을 채워 넣은 배낭이 묵직이 어깨를 죄어 왔습니다.

彼女の小さな肩に、家族の生活がずっしりとのしかかってきました。
가족 생활이 그녀의 작은 어깨를 묵직이 내리눌렀습니다.

빠르다

びゅんびゅん
쌩쌩, 붕붕

물체가 고속으로 바람을 가르며 날아가듯 나아가거나 돌 때 나는 마찰음

부사

➕ はしる 뛰다 とぶ 날다 ふく 불다 とばす 날리다, 세게 달리다
❗ 자동차, 바람

この道は車がびゅんびゅん飛ばすので、とても危険です。
이 길은 자동차가 쌩쌩 달리기 때문에 무척 위험합니다.

野球選手が、バットをびゅんびゅん鳴らして素振りをしています。
야구 선수가 붕붕 소리를 내며 배트를 휘두르고 있습니다.

すいすい
유유히, 쌩쌩

공기 중이나 수중에서 저항을 받거나 정체되지 않고 경쾌하게 나아가는 모양

부사(~と)

➕ およぐ 헤엄치다 はしる 달리다 とぶ 날다
❗ 곤충

カエルが水の上をすいすい泳いでいます。
개구리가 물 위를 유유히 헤엄치고 있습니다.

ペダルに力を入れると、自転車はすいすいと走りだしました。
페달에 힘을 싣자 자전거는 쌩쌩 달리기 시작했습니다.

ずんずん
거침없이, 척척, 성큼성큼

사람이 기세 좋게 머뭇거리지 않고 나가는 모양
일이 기세 좋게 멈추지 않고 진행되는 모양

부사(~と)

➕ すすむ 진행하다 いく 가다

彼は、私たちのことなどかまわず、ずんずん先に歩いて行ってしまいます。
그는 우리는 신경 쓰지 않고 거침없이 앞으로 걸어가 버렸습니다.

自由な気持ちで自分のやりたいことをずんずんやっていくことが大切です。
자유로운 기분으로 자신이 하고 싶은 것을 척척 해 가는 것이 중요합니다.

Part2
사물에 관련된 의성어·의태어

すんなり

척척, 순순히

일이 순조롭게 진행되는 모양
부사(～と)

彼は私の意見を**すんなり**と受け入れてくれました。
그는 내 의견을 순순히 받아들여 주었습니다.

事前に根回しをしておいたので、話は**すんなり**とまとまりました。
미리 사전 교섭을 해 둔 덕분에 이야기는 순조롭게 결론이 났습니다.

흩어지다·비다

ばらばら
뿔뿔이, 제각각

한 덩어리였던 것이 흩어진 모양
な형용사

➕ する 하다　なる 되다

卒業をすれば、みんなばらばらに散って行ってしまいます。
졸업을 하니 다들 뿔뿔이 흩어져 가 버립니다.

プラモデルをうっかり床に落としてばらばらにしてしまいました。
플라스틱 모형을 무심코 바닥에 떨어뜨려서 산산조각을 내고 말았습니다.

ぱらぱら
훌훌, 팔랑팔랑

가벼운 소리를 내며 여럿이 흩어진 모양
책을 넘기는 소리나 모양
부사(～と)

➕ する 하다

最後に塩をぱらぱらとかけて食べます。
마지막으로 소금을 훌훌 뿌려서 먹습니다.

私は書店で本をぱらぱらとめくり、おもしろそうだったら買います。
나는 서점에서 책을 팔랑팔랑 넘긴 뒤 재미있어 보이면 삽니다.

うっすら
희미하게, 어렴풋이

양이나 정도가 근소하고 얇은 모양
부사(～と)

東の空が、うっすらと明るくなってきました。
동쪽 하늘이 어렴풋이 밝아졌습니다.

目を覚まして窓の外を見ると、地面に雪がうっすらと降り積もっていました。
눈을 뜨고 창밖을 보니 땅바닥에 눈이 조금 내려 쌓여 있었습니다.

Part 2
사물에 관련된 의성어·의태어

ぼんやり
어렴풋이, 아련하게

희미한 모양

부사(～と)

➕ する 하다

明(あ)け方(がた)の闇(やみ)の中(なか)に、ぼんやりと人(ひと)の姿(すがた)が見(み)えます。
동틀 무렵의 어둠 속에서 어렴풋이 사람이 보입니다.

かすんだ空(そら)に富士山(ふじさん)が、ぼんやりと紫色(むらさきいろ)の姿(すがた)を浮(う)かび上(あ)がらせていました。
안개가 낀 하늘 사이로 보랏빛 후지 산이 어렴풋이 모습을 드러냈습니다.

がらがら
텅텅

교통수단이나 건물 안이 텅텅 빈 모양

な형용사(～の)

❗ 영화관, 식당, 버스

電車(でんしゃ)の中(なか)はがらがらで、冷房(れいぼう)が寒(さむ)いくらいきいていました。
전철 안은 텅텅 비어 있고 추울 정도로 냉방을 틀어 놓았습니다.

昨日(きのう)はがらがらの映画館(えいがかん)で一日中(いちにちじゅう)映画(えいが)を見(み)ていました。
어제는 텅텅 빈 영화관에서 하루 종일 영화를 봤습니다.

すかすか
텅텅

텅텅 비어 있는 모양이나 틈새가 많은 모양

な형용사(～の), 부사

➕ なる 되다

給料日(きゅうりょうび)の前日(ぜんじつ)で財布(さいふ)の中(なか)はすかすかです。
월급날 전날이어서 지갑 속은 텅텅 비었습니다.

テレビ番組(ばんぐみ)は中身(なかみ)がすかすかなものが多(おお)くて、見(み)ていて退屈(たいくつ)です。
텔레비전 프로그램은 내용이 없는 것이 많아서 보고 있으면 지루합니다.

많다

うんと
잔뜩, 많이, 실컷

양이 많거나 정도가 심한 모양

부사

➕ する 하다

大きくなったら、うんと勉強して学者になるつもりです。
자라면 실컷 공부하여 학자가 될 생각입니다.

子どもたちが将来うんと幸せになれる社会を作りたいです。
아이들이 앞으로 무척 행복해지는 사회를 만들고 싶습니다.

どっさり
듬뿍, 잔뜩

수나 양이 많은 모양

부사(〜と)

➕ ある 있다

❗ 일감, 숙제, 음식

夏休みの宿題がどっさりあって、遊びにいく暇もありません。
여름방학 숙제가 잔뜩 있어서 놀러 갈 여유도 없습니다.

父はお土産をどっさりと持って海外旅行から帰ってきました。
아빠는 선물을 잔뜩 들고 해외여행에서 돌아왔습니다.

ぎゅうぎゅう
꽉꽉, 꾹꾹

빈틈없이 눌러 담는 모양

부사(〜と), な형용사(〜の)

➕ する 하다

小さな旅行かばんに、荷物をぎゅうぎゅうに詰め込みました。
작은 여행 가방에 짐을 꽉꽉 눌러 담았습니다.

毎日ぎゅうぎゅうの満員バスに乗って通学しています。
매일 사람으로 가득 찬 만원 버스를 타고 통학합니다.

Part2
사물에 관련된 의성어·의태어

たっぷり
듬뿍, 잔뜩

넘칠 만큼 시간이나 양이 충분한 모양

부사(~と)

➕ ある 있다
❗ 식사, 수면

出発まで時間はまだたっぷりあります。
출발까지 시간은 아직 잔뜩 있습니다.

彼はパンにピーナツバターをたっぷり塗って食べています。
그는 빵에 땅콩버터를 듬뿍 발라서 먹고 있습니다.

ずらりと
즐비하게, 죽

여러 개가 늘어서 있는 모양

부사

➡ ずらっと
➕ ならぶ 진열되다, 늘어서다

どの店にも商品がずらりと並んでいます。
어떤 가게든 상품이 쭉 진열되어 있습니다.

要人の邸宅の前に警官がずらりと並んでいます。
요인의 저택 앞에 경관이 죽 서 있습니다.

ぎりぎり
아슬아슬, 빠듯함

시간이나 수량, 공간 등이 빠듯하여 더 이상 여유가 없는 모양

부사, な형용사(~の)

➕ まにあう 시간에 맞게 대다

駅まで必死で走って、終電ぎりぎりで間に合いました。
역까지 필사적으로 뛰어서 간신히 막차를 탔습니다.

彼はぎりぎり生活できるくらいのわずかな収入で苦労しています。
그는 빠듯하게 생활할 수 있을 정도의 근소한 수입으로 고생하고 있습니다.

Part2
사물에 관련된 의성어·의태어

ぎっしり
가득, 꽉, 잔뜩

많은 것이 빈틈없이 들어 있는 모양
부사(～と)
➕ する 하다
❗ 스케줄, 도시락, 통조림

来月まで、予定がぎっしり詰まっています。
다음 달까지 예정이 꽉 차 있습니다.
お弁当の中にご飯がぎっしり詰まっています。
도시락 안에 밥이 가득 담겨 있습니다.

どっと
우르르, 왈칵, 한꺼번에

사람이나 사물이 한꺼번에 많이 닥치는 모양
부사

アイドルのサイン会に、ファンがどっと押し寄せてきました。
아이돌의 사인회에 팬이 와르르 몰려 들었습니다.
仕事が終わって椅子に深くもたれたとき、疲れがどっと出るのを感じました。
일이 끝나고 의자 깊숙히 기댔을 때 피로가 와르르 몰려오는 것을 느꼈습니다.

うようよ
우글우글, 득실득실

작은 생물이 기분 나쁠 정도로 많이 모여 있는 모양
부사

↔ うじゃうじゃ
➕ する 하다   いる 있다
❗ 세균, 구더기

池の中におたまじゃくしがうようよ泳いでいます。
연못 안에 올챙이가 우글우글 헤엄치고 있습니다.
地面に虫がうじゃうじゃいたので気持ち悪かったです。
땅에 벌레가 득실득실했기 때문에 징그러웠습니다.

두드리다 · 부딪치다

がたがた
덜컹덜컹, 덜커덩덜커덩

단단한 물체끼리 부딪치는 소리나 모양

부사(～と)

▶ する 하다 なる 울리다

強い風が吹いて、木の窓ががたがた鳴っています。
강한 바람이 불어서 나무로 만든 창문이 덜커덩덜커덩 울립니다.

うちの洗濯機は、脱水するときがたがた音を立てます。
우리 집 세탁기는 탈수할 때 덜컹덜컹 소리를 냅니다.

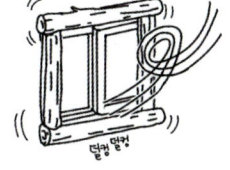

とんとん
똑똑, 콩콩

단단한 것을 가볍게 두드리는 소리

부사(～と)

▶ たたく 두드리다

女の人が部屋の扉をとんとんとノックしています。
여자가 방문을 똑똑 노크하고 있습니다.

彼女は木造の階段をとんとんと上がって2階へ行きました。
그녀는 목조 계단을 콩콩 올라 2층으로 갔습니다.

どんどん
쾅쾅, 쿵쿵

북이나 벽, 문 등을 세게 두드리는 소리

부사(～と)

▶ たたく 두드리다

男の人が玄関の扉をどんどん叩きながら何か叫んでいます。
남자가 현관문을 쾅쾅 두드리며 뭔가 외치고 있습니다.

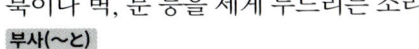

男の人たちが太鼓をどんどんと打ち鳴らす姿はとても勇ましいです。
남자들이 북을 쿵쿵 두드리는 모습은 무척 늠름합니다.

ぱんぱん

짝짝, 탁탁

손뼉을 치거나 물건을 두드리는 소리

부사(~と)

➕ する 하다
❗ 이불, 옷

日本では、布団を干して取り込むとき、ぱんぱん叩く習慣があります。
일본에는 이불을 말려서 넣을 때 탁탁 두드리는 습관이 있습니다.

彼は蚊を捕まえようとして、手のひらをぱんぱん鳴らしていました。
그는 모기를 잡으려고 손바닥을 짝짝 울렸습니다.

ばんばん

쾅

손바닥으로 사물을 기세 좋게 내려치는 소리

부사(~と)

➕ たたく 두드리다
❗ 책상

彼は机をばんばん叩きながら議論していました。
그는 책상을 쾅쾅 두드리며 토론하고 있었습니다.

部屋に入って鍵をかけたら、外から姉が扉をばんばん叩いて「開けなさい!」と叫びなました。
방에 들어가 열쇠를 잠갔더니 밖에서 언니가 문을 쾅쾅 두드리며 '열어!'라고 소리쳤습니다.

がんがん

쾅쾅

소리나 음성이 크게 울려서 시끄럽게 들리는 모양

부사(~と)

➕ する 하다 たたく 두드리다
❗ 철문

工事現場の掘削するがんがんという音がうるさくて、会話もろくにできません。
공사 현장의 굴삭하는 쾅쾅 소리가 시끄러워서 대화도 제대로 못합니다.

会場に入ると、巨大なスピーカーで音楽をがんがん鳴らしていました。
회장에 들어가니 거대한 스피커에서 음악을 쾅쾅 울리고 있었습니다.

すれすれ
닿을락 말락, 될락 말락

스칠 만큼 가까이 있는 모양
거의 한계에 다다른 모양

명사, な형용사

飛行機が海面すれすれのところを飛んでいます。
비행기가 해면에 닿을락 말락한 곳을 날고 있습니다.

彼は落第すれすれの点数で卒業しました。
그는 낙제할까 말까한 점수로 졸업했습니다.

부서지다

がちゃん
쨍그랑, 찰카닥

단단한 물건이 기세 좋게 떨어지거나 깨질 때 나는 소리

부사 (~と)

➕ する 하다　こわれる 부서지다　われる 깨지다　ぶつかる 부딪다
❗ 유리가 깨지는 소리, 전화를 세게 끊는 소리

向こうの部屋で、**がちゃん**と窓ガラスの割れる音が聞こえました。
건너편 방에서 쨍그랑 하고 창문 유리가 깨지는 소리가 들렸습니다.

その交換手はお客さんのクレームに応対した後、受話器を**がちゃん**と置きました。
그 교환수는 손님의 클레임에 대응한 뒤 수화기를 찰카닥 내려놓았습니다.

ぼきっと
우지끈, 뚝

딱딱한 물건이 강한 힘에 의해 부러지는 소리나 모양

부사

➕ おれる 부러지다　おる 꺾다
❗ 나뭇가지, 뼈

木の枝につかまったら、**ぼきっと**折れてしまいました。
나뭇가지를 잡았더니 우지끈 부러지고 말았습니다.

割り箸が一膳しかなかったので、1本を真ん中から**ぼきっと**折って友達にあげました。
나무젓가락이 한 벌밖에 없었기 때문에 한 자루를 반을 뚝 꺾어서 친구에게 주었습니다.

がりりと
우두둑

단단한 물건을 깨물 때 나는 소리

부사

🟰 がりっと
➕ かむ 깨물다

その子は飴玉を口の中で**がりり**と噛み砕いてしまいました。
그 아이는 눈깔사탕을 입안에서 우두둑 깨물었습니다.

ご飯を食べていたら、口の中で**がりっと**石を噛む音がしました。
밥을 먹는데 입 안에서 우두둑 하고 돌 씹는 소리가 났습니다.

Part2
사물에 관련된 의성어·의태어

ぽきぽき
똑똑, 뚝뚝

나뭇가지나 뼈처럼 가늘고 긴 것이 부러지는 소리

부사(~と)

➕ おる 꺾다 ならす 울리다

彼は、木の小枝を**ぽきぽき**折っては、焚き火にくべています。
그는 나무의 잔가지를 똑똑 꺾어서 모닥불을 지피고 있습니다.

彼はさっきから指を**ぽきぽき**鳴らしています。
그는 아까부터 손가락으로 뚝뚝 소리를 냅니다.

찢다·자르다

ばりっと
북, 짝, 쨍

물건이 단번에 찢어지거나 벗겨지는 모양
부사

➕ する 하다　われる 쪼개다　やぶる 찢다

焼きたての鯛焼きを食べるとき、尻尾の部分がばりっと割れる音が食欲をそそります。
갓 구운 붕어빵을 먹을 때 꼬리 부분을 북 찢는 소리가 식욕을 돋웁니다.

凍った湖の上を歩いていたら、いきなり氷がばりっと割れてしまいました。
언 호수 위를 걷고 있는데 갑자기 얼음이 쨍 하고 깨져 버렸습니다.

びりびり
북북

종이나 헝겊 등을 찢는 소리나 모양
부사(~と), な형용사(~の)

➕ する 하다　さく 찢다　やぶる 찢다

彼女は手紙をびりびりに裂いてくずかごに捨てました。
그녀는 편지를 북북 찢어서 쓰레기통에 버렸습니다.

赤ちゃんが新聞紙をびりびり破って遊んでいます。
아기가 신문지를 북북 찢으며 놀고 있습니다.

ちょきん
싹둑

가위 등으로 물건을 자르는 소리나 모양
부사(~と)

🟰 ちょっきん
➕ きる 자르다

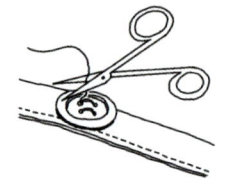

花屋さんが花の無駄な枝をちょきんと切り落としました。
꽃집 주인이 꽃의 필요 없는 가지를 싹둑 잘라 놓았습니다.

ボタンを縫い付けた後、出ている糸ははさみでちょきんと切り落とします。
단추를 꿰맨 뒤 나온 실은 가위로 싹둑 잘라 놓습니다.

Part2
사물에 관련된 의성어·의태어

ちょき ちょき
삭둑삭둑

가위 등으로 물건을 가볍게 자르는 소리나 모양

부사(~と)

➕ きる 자르다

美容師さんが、お客さんの髪を**ちょきちょき**とカットしています。
미용사가 손님의 머리카락을 삭둑삭둑 자르고 있습니다.

裁縫師が布をはさみで**ちょきちょき**切っています。
재봉사가 천을 가위로 삭둑삭둑 자르고 있습니다.

변화

だんだん
점점, 점차

순서에 따라 천천히(완만하게) 변하는 모양
부사(～と)

cf － ↔ ＋

10月に入ってから、だんだん朝晩が冷え込むようになってきました。
10월에 접어들고 나서 조금씩 아침저녁으로 추워졌습니다.

午後3時ごろになると、だんだん眠くなってきました。
오후 세 시 무렵이 되니 점점 졸렸습니다.

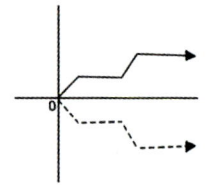

どんどん
쑥쑥

계속해서 크게 변화하는 모양
부사(～と)

cf － ↔ ＋

勉強のしかたを変えたら、どんどん成績が伸びてきました。
공부 방법을 바꿨더니 성적이 쑥쑥 올라갔습니다.

少し怠けていると、教科書はどんどん先へ進んで行ってしまいます。
조금 게으름을 피면 교과서 진도가 앞으로 쑥쑥 나가 있습니다.

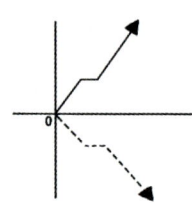

じわじわ
서서히, 차근차근

사물이 천천히 조금씩 그러나 확실히 진행되는 모양
부사(～と)

cf － ↔ ＋

農村の過疎化がじわじわと進み、集落全体が廃墟となる例も出てきています。
농촌 과소화가 서서히 진행되어 마을 전체가 폐허가 된 예도 생기고 있습니다.

暖房を点けると、床がじわじわと暖かくなってきます。
난방을 켜니 바닥이 서서히 따뜻해집니다.

Part2
사물에 관련된 의성어·의태어

めきめき
부쩍부쩍, 눈에 띄게

두드러지게 성장하거나 좋아지는 모양
부사(~と)

cf → +

うちの娘は最近めきめきとピアノの実力を伸ばしてきました。
우리 집 딸은 최근 눈에 띄게 피아노 실력을 늘렸습니다.

彼女は最近、日本語の実力がめきめきと上達してきました。
그녀는 최근에 일본어 실력이 눈에 띄게 좋아졌습니다.

ぐんぐん
쭉쭉, 부쩍부쩍, 무럭무럭

기세 좋게 자라거나 진행, 성장하는 모양
부사(~と)

+ のびる 자라다　そだつ 자라다　すすむ 진행하다

cf → +

２学期になってから、彼はぐんぐん成績を伸ばしています。
2학기가 된 뒤 그는 쭉쭉 성적을 올립니다.

ここ２、３年の間に子どもの背がぐんぐん伸びてきました。
최근 2, 3년 사이에 아이의 키가 무럭무럭 자랐습니다.

そろそろ
슬슬, 조금씩

동작이 조용히, 서서히 진행되는 모양
어떤 상황이나 시간이 다 되어가는 모양
부사(~と)

そろそろ仕事を始めましょうか。
슬슬 일을 시작할까요?

もう８時です。そろそろ妻が仕事から帰ってきてもいいころです。
어느새 8시입니다. 슬슬 아내가 직장에서 돌아올 만한 시간이군요.

촉감

つるつる
매끈매끈, 미끈미끈,

물건의 표면이 매끄럽고 윤기가 있는 모양
매끈해서 미끄러지기 쉬운 모양

부사(〜と), な형용사(〜の)

＋ する 하다

床が**つるつる**なので、滑らないように気をつけてください。
바닥이 매끈매끈하기 때문에 미끄러지지 않도록 조심하세요.

シャワー中に石鹸を取ろうとしましたが、**つるつる**滑ってうまくつかめません。
샤워 중에 비누를 잡으려고 했지만 미끈미끈 미끄러져서 잘 잡히지 않습니다.

ぬるぬる
미끈미끈

표면에 기름이나 액체가 묻어 미끈거리는 모양

부사(〜と), な형용사(〜の), 명사

＋ する 하다

！ 물고기, 비누, 달걀 흰자

うなぎを捕まえたら、**ぬるぬる**していて手から滑り出てしまいました。
장어를 잡았더니 미끈미끈해서 손에서 미끄러지듯 빠져나갔습니다.

ＰＨの高いアルカリ性の温泉は、**ぬるぬる**した感触があります。
수소이온지수가 높은 알카리성 온천은 미끈미끈한 감촉이 듭니다.

すべすべ
매끈매끈, 반들반들,
반질반질

표면에 울퉁불퉁한 것이 없이 매끈한 모양

부사(〜と), な형용사(〜の)

＋ する 하다

海辺では、**すべすべ**した丸い小石が波に洗われていました。
해변에서는 반들반들한 둥근 조약돌이 파도에 씻기고 있었습니다.

彼女は肌の管理に気を使っているので、いつも**すべすべ**です。
그녀는 피부 관리에 신경을 쓰기 때문에 늘 매끈매끈합니다.

Part 2
사물에 관련된 의성어·의태어

ざらざら
꺼끌꺼끌, 꺼슬꺼슬

감촉이 거칠고 매끄럽지 않은 모양
부사(〜と), な형용사(〜の)

▶ する 하다

やすりの表面は、とてもざらざらしています。
줄칼 표면은 언제나 꺼끌꺼끌합니다.

北風で砂埃が舞い上がり、車のフロントガラスにざらざらと当たっています。
북풍 때문에 모래 먼지가 일어, 자동차 앞 유리에 꺼슬꺼슬하게 붙었습니다.

ぶつぶつ
도톨도톨

표면에 작은 입자의 돌기 같은 것이 솟아 있어 고르지 않은 모양
부사(〜と), な형용사(〜の), 명사

▶ する 하다

中学校に通うころから、顔にぶつぶつニキビができ始めました。
중학교에 다닐 무렵부터 얼굴에 도톨도톨 여드름이 나기 시작했습니다.

イチゴジュースに入っているぶつぶつした種が嫌いな人もいれば、好きな人もいます。
딸기 주스에 든 도톨도톨한 씨를 싫어하는 사람도 있으면 좋아하는 사람도 있습니다.

かさかさ
바스락바스락, 버석버석

말라서 물기가 없이 까칠한 모양
부사(〜と), な형용사(〜の)

▶ する 하다　なる 되다

冬は手がかさかさになってひび割れしやすくなります。
겨울에는 손이 버석버석해져서 갈라지기 쉬워집니다.

私は乾燥肌で、唇もかさかさになりやすくて困っています。
저는 건성 피부이고 입술도 버석버석하기 쉽기 때문에 난감합니다.

101

ねばねば
끈적끈적

점성이 있어서 잘 들러붙는 모양
부사(〜と), な형용사(〜の), 명사
➕ する 하다

この草は葉がねばねばしていて、虫を捕まえることができます。
이 풀은 잎이 끈적끈적해서 벌레를 잡을 수 있습니다.

朝起きたとき、口の中がねばねばして気持ち悪いです。
아침에 일어났을 때 입속이 끈적끈적해서 기분 나쁩니다.

べたべた
끈적끈적, 덕지덕지

끈끈하게 들러붙는 모양
부사(〜と), な형용사(〜の)
➕ する 하다
❗ 기름, 땀

パンに蜂蜜を塗って食べたら、手がべたべたになってしまいました。
빵에 벌꿀을 발라 먹었더니 손이 끈적끈적해져 버렸습니다.

テーブルが少しべたべたしているので、拭いてもらえますか。
탁자가 조금 끈적끈적한데 닦아 주시겠어요?

ぴったり
찰싹, 바싹, 딱

빈틈없이 달라붙는 모양
부사(〜と), な형용사(〜の)
➕ する 하다　くっつく 들러붙다

汗をかいたため、髪の毛が額にぴったりとくっ付いています。
땀을 흘려서 머리카락이 이마에 찰싹 들러붙었습니다.

彼は相手チームの選手にぴったり付いて、行動を牽制しています。
그는 상대 팀 선수에게 딱 달라붙어 행동을 견제하고 있습니다.

さらさら
바슬바슬, 보송보송

물기나 찰기가 없이 말라 있는 모양
부사(~と), な형용사(~の)

➕ する 하다
❗ 모래, 머리카락

つかんだ砂が、指の間からさらさらと抜けていきます。
잡은 모래가 손가락 사이로 바슬바슬 빠져나갑니다.

彼女の髪はいつもさらさらしていて、きれいです。
그녀의 머리카락은 언제나 바슬바슬하여 예쁩니다.

ごわごわ
빳빳(함)

종이나 천 따위가 딱딱하여 부드럽지 않은 모양
부사, な형용사(~の)

➕ する 하다

私は髪の毛がごわごわしていて、整えるのが大変です。
나는 머리카락이 빳빳해서 단정히 하는 것이 어렵습니다.

この服はごわごわして着心地が今ひとつよくありません。
이 옷은 빳빳해서 착용감이 좀 좋지 않습니다.

생김새

ぎざぎざ
삐죽삐죽

톱날처럼 가는 칼자국이 있거나 늘어선 모양
부사(〜と), な형용사(〜の), 명사
- する 하다
- 톱, 칼날

その魚の尻尾には、のこぎりのようなぎざぎざがあります。
그 물고기 꼬리에는 톱처럼 삐죽삐죽한 부분이 있습니다.

グレープフルーツはぎざぎざしたスプーンですくうと上手に食べられます。
자몽은 삐죽삐죽한 숟가락으로 푸면 쉽게 먹을 수 있습니다.

でこぼこ
울퉁불퉁

높고 낮아 평평하지 않은 모양
な형용사(〜の), 명사
- する 하다
- 비포장도로

舗装されていないでこぼこの道を車で走りました。
포장되어 있지 않은 울퉁불퉁한 길을 자동차로 달렸습니다.

ゴルフボールがでこぼこしているのは、飛距離を伸ばすためです。
골프공이 울퉁불퉁한 것은 비거리를 늘리기 위해서입니다.

ごつごつ
울툭불툭, 울퉁불퉁

표면이 딱딱하고 울퉁불퉁한 것이 많은 모양
모습이 세련되지 않고 조잡한 모양
부사(〜と)
- する 하다

岩の表面はごつごつしていて、座りにくかったです。
바위 표면은 울툭불툭해서 앉기 어려웠습니다.

群馬県に、妙義山というごつごつした奇妙な岩山があります。
군마 현에 묘기 산이라는 울툭불툭한 기묘한 바위산이 있습니다.

Part2
사물에 관련된 의성어·의태어

とげとげ
뾰족뾰족

가시가 난 모양
부사(〜と), な형용사(〜の), 명사
➡ する 하다

バラの木が<u>とげとげ</u>した枝を四方八方に伸ばしています。
장미 나무가 뾰족뾰족한 가지를 사방팔방으로 뻗고 있습니다.

昔の人たちは、ヒイラギの<u>とげとげ</u>した葉っぱに魔よけの力があると信じていました。
옛날 사람들은 호랑가시나무의 뾰족뾰족한 잎에 마력이 있다고 믿었습니다.

ぼろぼろ
너덜너덜

물건이나 옷 등이 낡고 해진 모양
な형용사(〜の)
➡ なる 되다
❗ 낡은 책, 걸레, 해진 옷

１枚の雑巾を何年も使っていたら、すっかり<u>ぼろぼろ</u>になってしまいました。
걸레 한 장을 몇 년이나 사용했더니 완전히 너덜너덜해져 버렸습니다.

丘の上には、<u>ぼろぼろ</u>の家が一軒建っていました。
언덕 위에는 다 쓰러져 가는 집 한 채가 서 있습니다.

요리

ことこと
보글보글

냄비가 약하게 끓는 소리나 모양
부사(〜と)
➕ にこむ 끓이다　にる 끓이다
❗ 긴 시간 약한 불로 끓이는 요리

シチューを作るときは、長時間ことこと煮込む必要があります。
스튜를 만들 때는 장시간 보글보글 끓일 필요가 있습니다.

大きな鍋の中でソースがことこと音を立てています。
커다란 냄비 안에서 소스가 부글부글 소리를 냅니다.

ぐらぐら
부글부글, 펄펄

물이 마구 끓는 소리나 모양
부사(〜と), な형용사(〜の)
➕ する 하다　わきたつ 끓다

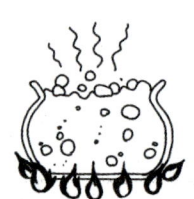

ぐらぐら沸き立つお湯の中に麺を入れます。
부글부글 끓는 물 속에 면을 넣습니다.

カップラーメンのふたを開け、ぐらぐらの熱湯を注ぎました。
컵라면 뚜껑을 열고 펄펄 끓는 뜨거운 물을 부었습니다.

ぶくぶく
부글부글, 보글보글

거품이 이는 소리나 모양
부사(〜と)
➕ あわがたつ 거품이 나다

新鮮なコーヒー豆に熱湯を注ぐと、ぶくぶく泡が立って膨れあがってきます。
신선한 커피 원두에 뜨거운 물을 부으면 부글부글 거품이 나면서 부풀어 오릅니다.

果実酒を漬けて何日か経つと、ぶくぶくと泡が出てきました。
과실주를 담그고 며칠 지나니 보글보글 거품이 생기기 시작했습니다.

Part2
사물에 관련된 의성어·의태어

どろどろ
질척질척, 걸쭉걸쭉

진하게 끈끈한 모양
부사(〜と), な형용사(〜の)
➕ する 하다　なる 되다

イチゴジャムを作るときは、イチゴがどろどろになるまで煮なければなりません。
딸기 잼을 만들 때는 딸기가 걸쭉걸쭉해질 때까지 끓여야 합니다.

わかめスープを煮すぎてどろどろになってしまいました。
미역국을 너무 많이 끓였더니 걸쭉해져 버렸습니다.

とろとろ
눅진눅진, 끈적끈적

묽게 끈끈한 모양
부사(〜と), な형용사(〜の)
➕ する 하다

ビーフシチューは、牛肉がとろとろになるまで煮込みます。
소고기 스튜는 소고기가 눅진눅진해질 때까지 끓입니다.

私はさらさらしたカレーより、とろとろのカレーの方が好きです。
나는 묽은 카레보다 걸쭉한 카레를 좋아합니다.

こんがり
노릇노릇, 노르스름하게

알맞게 잘 구워진 모양
부사(〜と)
➕ やく 굽다　やける 구워지다
❗ 빵, 케이크, 고기

パンがこんがりとおいしそうに焼きあがりました。
빵이 노릇노릇 맛있어 보이게 구워졌습니다.

このレストランで有名なのは、こんがりとローストした鶏肉の料理です。
이 레스토랑에서 유명한 것은 노르스름하게 구운 닭고기 요리입니다.

107

음식과 맛

からっと
바싹

기름이 잘 말라서 맛이 산뜻한 모양
부사
- からりと
- あげる 튀기다　あがる 튀겨지다
- 튀김, 치킨

この天ぷらはからっと揚がっていて、とてもおいしいです。
이 튀김은 바싹 튀겨져서 무척 맛있습니다.

さんまの骨をからっと揚げて塩を振ると、おつまみとしてけっこういけます。
꽁치 뼈를 바싹 튀겨서 소금을 뿌리면 안주로 제법 괜찮습니다.

とろり
걸쭉하게

수분이 적어서 걸쭉한 모양
부사(~と)
- する 하다
- 소스, 요구르트

ヨーグルトのとろりとした味わいが何ともいえずおいしいです。
요구르트의 걸쭉한 맛이 뭐라고 말할 수 없이 맛있습니다.

このケーキは、口の中でとろりととろける味わいが絶品です。
이 케이크는 입안에서 걸쭉하게 녹는 맛이 일품입니다.

こってり
진하게, 기름지게

맛이나 빛깔이 짙고 산뜻하지 않은 모양
부사(~と)
- する 하다
- 중화요리, 이탈리아 요리, 돼지 뼈로 국물 맛을 낸 돈코츠 라멘
- 기름이나 버터를 많이 사용한 요리에 주로 씁니다.

私はクリームグラタンのこってりとした味わいが好きです。
나는 크림 그라탱의 진한 맛을 좋아합니다.

関東の人は、豚骨ラーメンのこってりしたスープが好きでないことが多いです。
관동 지역 사람은 돈코츠 라멘의 진한 국물을 좋아하지 않는 경우가 많습니다.

Part2
사물에 관련된 의성어·의태어

さっぱり
담백하게, 산뜻하게

기름을 쓰지 않아 맛이 담백하고 산뜻한 모양
부사(〜と)
➕ する 하다
❗ 샐러드, 과일 주스

このジュースは、グレープフルーツのさっぱりした味わいが生きています。
이 주스는 자몽의 산뜻한 맛이 살아 있습니다.

食後にレモネードを飲んで、口の中をさっぱりさせました。
식후에 레모네이드를 마셔서 입안이 산뜻해졌습니다.

あっさり
담백하게

맛이나 색 등이 별로 진하지 않고 담백한 음식
부사(〜と)
➕ する 하다
❗ 메밀국수

アサリでだしを取った、あっさりしたスープが好きです。
바지락으로 맛을 낸 담백한 국물을 좋아합니다.

こしょうと塩だけであっさりと味付けしたローストチキンが、すごくおいしいです。
후추와 소금으로만 담백하게 맛을 낸 로스트 치킨이 무척 맛있습니다.

ぴりっと
톡, 콕, 찌릿찌릿, 얼얼하게

매운 자극을 느끼는 모양
부사
➕ する 하다

唐辛子を入れると、ぴりっと辛味が効いておいしくなります。
고추를 넣으면 얼얼한 매운 맛이 나서 맛있어집니다.

私は、わさびのぴりっときいた握り寿司が好きです。
나는 고추냉이가 찌릿찌릿 느껴지는 (손으로 만든) 초밥을 좋아합니다.

109

기타

ながなが
장장, 길게

시간이나 형태가 매우 긴 모양
부사(~と)

➕ する 하다　ねそべる 눕다　またせる 기다리게 하다
❗ 연설, 회의

授業のあと学生たちと、**ながなが**と立ち話をしました。
수업이 끝나고 학생들과 서서 길게 이야기를 나눴습니다.

彼は弟に、非常に**ながなが**とした手紙を書き送ってきました。
그는 남동생에게 무척 긴 편지를 써서 보냈습니다.

ごしごし
북북, 싹싹

무엇인가를 세게 문지르거나 비비는 모양
부사(~と)

➕ こする 비비다　あらう 씻다

体をヘチマで**ごしごし**こすって垢を取ります。
때수건으로 몸을 북북 문질러서 때를 없앱니다.

いくら**ごしごし**こすっても、鍋のこげがなかなか取れません。
아무리 북북 닦아도 냄비의 눌은 부분이 좀처럼 떨어지지 않습니다.

ぐいと
와락, 확

갑자기 힘을 주어 잡아당기는 모양
부사

➡ ぐいっと

彼は彼女の手を取り、**ぐいと**引き寄せてハグしました。
그는 그녀의 손을 잡고 와락 잡아당겨 안았습니다.

マンホールの蓋は、穴にフックを掛けたあと、**ぐいっと**手前に引っ張って開けます。
맨홀 뚜껑은 구멍에 훅을 건 뒤 힘껏 자기 쪽으로 잡아당겨서 엽니다.

생활소리

ピンポン
딩동, 찌르릉
초인종 소리

ぶー
부
부저

りんりん
따르릉
전화벨, 자전거벨

ぶうぶう
붕붕
자동차 엔진 소리

ちん
땡
전자레인지 소리

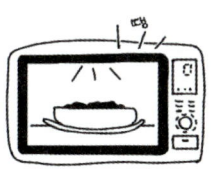

Part 3

자연에 관련된 의성어·의태어

날씨 | 해·별·천둥·번개 | 물(비·눈) | 불·연기·구름·바람 | 동물 울음소리

날씨

からりと
활짝

하늘이 맑게 갠 모양
기분 좋게 건조한 모양

부사

+ はれる 날이 개다 かわく 마르다
! 빨래 널기 좋은 날씨

高原に、からりとした爽やかな風が吹いています。
고원에 활짝 갠 상쾌한 바람이 붑니다.

からりと晴れ渡った空に、白い雲が浮かんでいます。
활짝 갠 하늘에 하얀 구름이 떠 있습니다.

ぽかぽか
포근, 후끈후끈, 훈훈

기분이 좋을 정도로 따스하게 느껴지는 모양

부사(〜と), な형용사(〜の)

+ する 하다
! 난방 중인 방
cf 뜨끈한 국물, 술을 마시거나 두꺼운 옷을 입어서 몸이 후끈해질 때도 사용합니다.

今日はぽかぽかしていい気持です。
오늘은 포근하여 기분이 좋습니다.

彼は、ぽかぽかと暖かい部屋でうとうとしていました。
그는 후끈후끈 따뜻한 방에서 꾸벅꾸벅 졸고 있었습니다.

むしむし
푹푹

습기가 많고 무더운 모양

부사(〜と)

+ する 하다
! 장마철부터 8월까지

むしむしする日が続きますね。
푹푹 찌는 날이 계속 되는군요.

今日は本当にむしむしして暑いですね。
오늘은 정말 푹푹 쪄서 덥네요.

Part3
자연에 관련된 의성어·의태어

むんむん
후덥지근, 후텁지근

열기나 냄새가 가득 차서 더운 느낌이 있는 모양
부사(~と)
➕ する 하다
❗ 통풍이 안 되는 방 안

真夏の道は草いきれでむんむんしています。
한여름의 길은 풀숲에서 풍기는 훗훗한 열기 때문에 후덥지근합니다.

教室の中は学生たちでむんむんして息が詰まりそうです。
교실 안은 학생들의 열기로 가득 차서 숨이 막히는 듯합니다.

じめじめ
눅눅히, 축축이,
구질구질

불쾌할 정도로 습기나 수분이 많은 모양
부사(~と), な형용사(~の)
➕ する 하다
❗ 장마

今日はじめじめして本当に嫌な日です。
오늘은 눅눅해서(습기가 많아서) 정말 싫은 날이에요.

梅雨が続いて部屋の中までじめじめとしています。
장마가 계속되어 방 안까지 눅눅합니다.

115

해·별·천둥·번개

かんかん
쨍쨍

햇볕이 강하게 내리쬐는 모양
부사(〜と), な형용사

- てる 비치다
- 8월

外は日が かんかん と照っていて、ひどく暑いです。
밖은 햇볕이 쨍쨍 내리쬐서 몹시 덥습니다.

一日中 かんかん 照りの中を歩いてヘトヘトになりました。
하루 종일 쨍쨍 내리쬐는 속을 걸었더니 녹초가 되었습니다.

ぎらぎら
쨍쨍, 번쩍번쩍

몹시 강렬하게 빛나는 모양
부사(〜と), な형용사(〜の)

- する 하다   かがやく 빛나다   ひかる 빛나다   てりつける 내리쬐다
- 뜨거운 뙤약볕

ぎらぎら 照りつける真夏の太陽の下で、彼らは働いています。
한여름의 쨍쨍 내리쬐는 태양 아래에서 그들은 일하고 있습니다.

獲物を狙う狼の目が ぎらぎら と光っています。
사냥감을 노리는 늑대의 눈이 매섭게 빛납니다.

きらきら
반짝반짝

아름답게 빛나는 모양
부사(〜と), な형용사(〜の)

- する 하다   かがやく 빛나다   ひかる 빛나다
- 별, 아침 이슬

夜空に星が きらきら と輝いています。
밤하늘에 별이 반짝반짝 빛나고 있습니다.

川の表面が朝日を受けて きらきら と光っています。
강 표면이 아침 햇빛을 받아 반짝반짝 빛납니다.

Part3
자연에 관련된 의성어·의태어

ごろごろ
우르르, 와르르

천둥이 울리는 소리

부사(〜と)

➕ する 하다　いう 소리가 나다　なる 울리다

夕方になって、遠くで雷がごろごろと鳴り始めました。
저녁이 되고 멀리서 천둥이 와르르 치기 시작했습니다.

一瞬明るく光ったあと、少ししてごろごろという音が聞こえてきました。
한순간 밝게 빛나고 조금 뒤에 우르르 하는 소리가 들려왔습니다.

ぴかっと
반짝, 번쩍

순간적으로 빛이 번쩍이는 모양

부사

➕ ひかる 빛나다
❗ 번개, 원자폭탄

ぴかっと光ったかと思うと、ものすごい音が響き渡りました。
번쩍 하고 빛났다고 생각한 순간 엄청난 소리가 울려 퍼졌습니다.

電気のスイッチを入れたら、一瞬ぴかっと光って切れてしまいました。
전기 스위치를 켜는 순간 번쩍 빛나고 꺼져 버렸습니다.

117

물 (비·눈)

ぽたぽた
똑똑, 방울방울

물이나 땀, 눈물 등의 액체가 방울져서 떨어지는 모양
부사(~と), 명사

➕ おちる 떨어지다 たれる 떨어지다
❗ 비가 그친 후 처마에서 떨어지는 물방울

雨がやみ、屋根からしずくがぽたぽたと落ちています。
비가 그치고 지붕에서 물방울이 똑똑 떨어지고 있습니다.

水道の蛇口から水滴がぽたぽたと垂れています。
수도꼭지에서 물방울이 똑똑 떨어지고 있습니다.

ぽつりぽつり
뚝뚝

비나 물방울 같은 액체가 조금 사이를 두고 떨어지는 소리나 모양
부사(~と)

🟰 ぽつんぽつん
➕ ふる 내리다 おちる 떨어지다
❗ 비가 오기 시작할 때

雨がぽつりぽつりと降り出してきました。
비가 뚝뚝 내리기 시작했습니다.

湿った風が吹き、地面にぽつんぽつんと染みができ始めた。
축축한 바람이 불고 땅바닥에 빗물로 얼룩이 지기 시작했다.

たらたら
뚝뚝, 줄줄, 주르르

물이나 땀 등의 액체가 방울져서 떨어지는 모양
부사(~と), な형용사(~の)

➕ ながれる 흐르다 たれる 떨어지다
❗ 식은땀

汗がたらたらと顔を伝って流れてきました。
땀이 얼굴을 타고 줄줄 흐릅니다.

溶けたソフトクリームがたらたらと手に垂れてきます。
녹은 소프트 아이스크림이 손으로 줄줄 떨어집니다.

Part3
자연에 관련된 의성어·의태어

ちょろちょろ
졸졸

강이나 수돗물 등의 액체가 가늘게 흐르거나 나오는 모양

부사(〜と)

➕ する 하다 ながれる 흐르다 でる 나오다

水道の水が**ちょろちょろ**としか出ません。
수돗물이 졸졸 나오기만 합니다.

水源地では岩の間を水が**ちょろちょろ**と流れています。
강이 시작되는 근원지에서는 물이 바위틈을 졸졸 흐릅니다.

じゃあじゃあ
좍좍, 좔좔, 콸콸

물이나 비 등의 액체가 세차게 떨어지는 모양

부사(〜と)

➕ だす 내다 ながす 흐르게 하다

❗ 수도꼭지에서 콸콸 쏟아지는 물, 소나기

男の子が水を**じゃあじゃあ**出して顔を洗っています。
남자아이가 물을 콸콸 나오게 하여 얼굴을 씻고 있습니다.

おじさんが、車にホースで**じゃあじゃあ**と水をかけています。
삼촌이 자동차에 고무관으로 좍좍 물을 뿌리고 있습니다.

ざあざあ
좍좍, 주르륵주르륵, 콸콸

비나 물 등이 대량으로 쏟아지는 소리

부사(〜と)

➕ ふる 내리다

❗ 큰비

雨が**ざあざあ**と降っているので出かけられません。
비가 좍좍 내리고 있어서 외출하지 못합니다.

渓谷を谷川が**ざあざあ**音を立てて流れています。
시냇물이 골짜기를 콸콸 소리를 내며 흐릅니다.

しとしと
부슬부슬, 보슬보슬

비가 조용히 내리는 모양

부사(~と)

➕ ふる 내리다
❗ 봄비, 가을비

小雨がしとしとと静かな音を立てて降っています。
가랑비가 부슬부슬 조용한 소리를 내며 내리고 있습니다.

今日は朝から雨がしとしと降っていて、少し涼しいです。
오늘은 아침부터 비가 보슬보슬 내려서 조금 시원합니다.

しっとり
촉촉히

적당히 물기가 있어서 쾌적한 느낌을 주는 모양

부사(~と)

➕ する 하다　しめる 축축하다　ぬれる 젖다
❗ 촉촉하고 부드러운 여성의 피부

雨が降って、庭の芝生がしっとりと濡れています。
비가 내려서 마당 잔디밭이 촉촉하게 젖었습니다.

彼女の肌はしっとりしていて、どんな化粧品でもよくのります。
그녀의 피부는 촉촉해서 어떤 화장품이든지 잘 먹습니다.

びしょびしょ
흠뻑, 후줄근히

물이나 땀에 흠뻑 젖은 모양

부사(~と), な형용사

➕ なる 되다　ぬれる 젖다
❗ 물을 뒤집어 쓴 사람

汗でシャツがびしょびしょに濡れています。
땀으로 셔츠가 흠뻑 젖었습니다.

帰りににわか雨に降られて服がびしょびしょになってしまいました。
집에 가는 길에 소나기가 내려서 옷이 흠뻑 젖고 말았습니다.

ざぶり
첨벙, 풍덩, 철썩

물에 뛰어들거나 물을 뒤집어쓰는 소리
큰 파도가 밀려드는 소리

부사(~と)

➕ (ゆみずを)かぶる・かける (물을) 끼얹다
　 (ゆみずに)とびこむ・はいる (물에) 뛰어들다
　 (なみが)うちよせる (파도가) 밀려오다

❗ 목욕탕, 수영장, 바닷가

風呂場でざぶりとお湯をかぶってからお湯につかりました。
목욕탕에서 더운물을 철썩 끼얹고 나서 탕에 몸을 담갔습니다.

ざぶん
첨벙, 풍덩, 철썩

물에 뛰어들거나 물을 뒤집어쓰는 모양
큰 파도가 밀려드는 모양

부사(~と)

➕ (ゆみずに)とびこむ・つかる (물에) 뛰어들다・몸을 담그다
　 ダイビングする 다이빙하다　(波が)うちよせる (파도가) 밀려오다

❗ 목욕탕, 수영장, 바닷가

彼はプールにざぶんと飛び込みました。
그는 수영장에 풍덩 뛰어들었습니다.

しんしん
펄펄, 펑펑

눈이 많이 내리는 모양

부사(~と)

➕ ふる 내리다

❗ 고요한 설경

人通りのない道を雪がしんしんと降っています。
인적 없는 길에 눈이 펑펑 내리고 있습니다.

しんしんと降る雪の中を彼は黙々と歩いていました。
펄펄 내리는 눈 속을 그는 묵묵히 걷고 있었습니다.

121

Part3
자연에 관련된 의성어·의태어

かちかち
꽁꽁

단단하게 언 모양
な형용사

➕ なる 되다　こおる 얼다
❗ 언 길

かちかちに凍ったアイスクリームをすくうのは、骨が折れます。
꽁꽁 언 아이스크림을 푸는 것은 힘듭니다.

道がかちかちに凍って滑りやすくなっています。
길이 꽁꽁 얼어서 미끄러지기 쉬워졌습니다.

불·연기·구름·바람

ぱちぱち
후드득, 호드득

불똥이 튀는 작고 날카로운 소리
부사(~と)
- する 하다　もえる 타다
- 모닥불

焚き火が ぱちぱち と音を立てて燃えています。
모닥불이 호드득 소리를 내며 타고 있습니다.

電線から ぱちぱち と火花が飛んでいます。
전선에서 후드득 불똥이 튀고 있습니다.

めらめら
활활, 이글이글

불길이 널름거리며 타는 모양
부사(~と)
- もえる 타다　もえあがる 타오르다

昔の手紙を焚き火にくべると、めらめら と燃えていきました。
과거에 받은 편지로 모닥불을 지피니 활활 탔습니다.

彼の目には怒りの炎が めらめら と燃え上がるのが見られました。
그의 눈에는 분노의 불길이 이글이글 타오르는 것이 보였습니다.

ぼうぼう
활활

불이 세게 타오르는 모양
부사(~と)
- もえる 타다　もえさかる 타오르다
- 캠프파이어

ガスバーナーの青い火が ぼうぼう と音を立てています。
가스버너의 파란 불이 활활 소리를 내고 있습니다.

キャンプファイヤーの炎が ぼうぼう と燃え盛っています。
캠프파이어의 불길이 활활 타오르고 있습니다.

もくもく
뭉게뭉게, 모락모락

연기, 구름 등이 잇달아 피어오르는 모양

부사(〜と)

➕ でる 나오다　あがる 올라가다　たちのぼる 피어오르다

大きな入道雲が**もくもく**と湧き上がってきました。
커다란 소나기구름이 뭉게뭉게 피어올랐습니다.

工場の煙突から白い煙が**もくもく**と立ちのぼっています。
공장 굴뚝에서 하얀 연기가 뭉게뭉게 피어오르고 있습니다.

そよそよ
산들산들, 살랑살랑, 솔솔

바람이 조용하게 기분 좋게 부는 모양

부사(〜と)

➕ ふく 불다
❗ 봄바람

温かな風が**そよそよ**と吹いています。
따뜻한 바람이 산들산들 불고 있습니다.

そよそよと吹く風に誘われて、街に出ました。
솔솔 부는 바람에 이끌려 거리로 나섰습니다.

びゅうびゅう
윙윙

거센 바람이 불 때 나는 소리

부사(〜と)

➕ ふく 불다　なる 울리다
❗ 태풍

台風が近づき、強い風が**びゅうびゅう**と吹き荒れています。
태풍이 다가와 강한 바람이 윙윙 몹시 거칠게 불고 있습니다.

街路樹が激しく揺れ、電線が**びゅうびゅう**と鳴っています。
가로수가 세차게 흔들리고 전선이 윙윙 소리를 냅니다.

ぴゅう
ぴゅう

쌩쌩

바람이 날카롭게 부는 소리

부사(〜と)

➡ ふく 불다
❗ 겨울

冷たい北風が ぴゅうぴゅう 吹いています。
차가운 북풍이 쌩쌩 불고 있습니다.

この家は、隙間風が ぴゅうぴゅう 吹き込んできて寒いです。
이 집은 외풍이 쌩쌩 불어 들어와서 춥습니다.

동물 울음소리

ワンワン
멍멍
개

ニャーニャー
야옹
고양이

チューチュー
찍찍
쥐

ヒヒン
히힝
말

ブーブー
꿀꿀
돼지

メーメー
매매
양, 염소

モーモー
음매
소

カーカー
깍
까마귀

コケコッコー
꼬끼오
닭

ピヨピヨ
삐악삐악
병아리

ホーホー
부엉부엉
부엉이

ケロケロ
개굴개굴
개구리

コロコロ
귀뚤귀뚤
귀뚜라미

ミーンミーン
맴맴
참매미

あいうえお
색인

あ
あたふた　46
あっさり　51, 109

い
いそいそ　53
いらいら　66

う
うきうき　54
うじうじ　42
うじゃうじゃ　90
うっかり　51
うっすら　86
うっとり　55
うとうと　28
うようよ　90
うろうろ　19
うんざり　59
うんと　88

え
えーんえーん　64
えんえん　64

お
おいおい　64
おどおど　56

おろおろ　46

か
かーかー　126
がくがく　36
かさかさ　101
がたがた　37, 91
かちかち　52, 82, 122
がちがち　82
がちゃん　94
がつがつ　22
がっかり　58
がっくり　58
がっしり　35
がっちり　35, 50
がぶがぶ　23
がみがみ　67
からから　25
がらがら　31, 87
からっと　108
からりと　108, 114
かりかり　82
がりっと　94
がりりと　94
かんかん　66, 116
がんがん　32, 92

き
ぎざぎざ　104
きちんと　78
きつきつ　27
ぎっしり　90
きっぱり　40
きびきび　38
ぎゅうぎゅう　88
ぎょっと　57
きょろきょろ　15
きらきら　79, 116
ぎらぎら　116
きりきり　32
ぎりぎり　89
ぎろぎろ　16

く
ぐいぐい　24
ぐいっと　110
ぐいと　110
ぐうぐう　25, 29
くしゃくしゃ　80
くすくす　62
ぐずぐず　12, 42
くたくた　60
ぐちゃぐちゃ　81
ぐっすり　28
ぐったり　60

ぐにゃぐにゃ	75
ぐびぐび	24
ぐらぐら	72, 106
くるくる	70
ぐるぐる	70
ぐんぐん	99

け
げらげら	62
ケロケロ	127
けろっと	40
けろりと	40

こ
ごくごく	23
ごくりごくり	23
コケコッコー	127
ごしごし	110
こそこそ	14
ごたごた	81
ごちゃごちゃ	81
こつこつ	39
ごつごつ	104
こっそり	14
こってり	108
ことこと	106
ごほごほ	30
ごほんごほん	30
ごりごり	82
コロコロ	127
ころころ	70
ごろごろ	31, 45, 71, 117
ごろり	29
ごわごわ	103
こんがり	107
こんこん	30

さ
ざあざあ	120
さっさと	48
さっと	48
ざっと	44
さっぱり	55, 78, 109
ざぶり	121
ざぶん	121
さらさら	103
ざらざら	101

し
しくしく	64
しげしげ	16
しっかり	50, 77
じっと	15
しっとり	120
しとしと	120
じめじめ	115
じゃあじゃあ	119
しょんぼり	58
じろじろ	15
じわじわ	98
しんしん	122

す
すいすい	84
すかすか	87
ずきずき	31
すたすた	18
すっきり	75
すっくと	20
ずっしり	83
すぱすぱ	41
すべすべ	100
すやすや	28
すらすら	39
ずらっと	89
ずらりと	89
ずるずる	26
すれすれ	93
ずんずん	84
すんなり	85

せ
せっせと	38

そ
ぞくぞく	36, 53
そそくさ	46
そっと	14
そよそよ	124
そろそろ	99
そわそわ	56

た
たっぷり	89
だぶだぶ	26
だぼだぼ	26
たらたら	119
だらだら	44
だんだん	98

ち
ちくちく	32
ちびちび	24
ちびりちびり	24
ちゃっかり	41
ちゃんと	76
チューチュー	126
ちょきちょき	97
ちょきん	96
ちょろちょろ	119

ちらっと	17		にやり	61		びしょびしょ	121
ちらりと	17		にんまり	61		ひそひそ	13
ちん	111					ぴたり	20
			ぬ			ぴったり	102
つ			ぬるぬる	100		ヒヒン	126
つやつや	79					ひやり	57
つるつる	100		**ね**			びゅうびゅう	124
つんつるてん	27		ねばねば	102		ぴゅうぴゅう	125
						びゅんびゅん	84
て			**の**			ひょいひょい	47
てきぱき	39		のしのし	18		ピヨピヨ	127
でこぼこ	104		のっそり	43		ひらひら	73
てっきり	77		のろのろ	42		ぴりっと	109
でれでれ	49		のんびり	51		ひりひり	33
						びりびり	96
と			**は**			ぴりぴり	67
どきどき	53		はあはあ	33		ぴんぴん	34
とげとげ	105		はきはき	76		ピンポン	111
どっかり	21		はくしょん	30			
どっさり	88		ぱくぱく	22		**ふ**	
どっしり	83		ばたばた	47, 48		ぶー	111
どっと	90		ぱちぱち	123		ふうふう	41
とっとと	47		はっきり	76		ぶうぶう	13, 111
とぼとぼ	18		はっと	59		ブーブー	126
とろとろ	107		はらはら	56		ふかふか	74
どろどろ	107		ばらばら	86		ぶかぶか	26
とろり	108		ぱらぱら	86		ぶくぶく	34, 106
とんとん	91		ばりっと	96		ふっくら	75
どんどん	91, 98		ばりばり	38		ふっくり	75
			ばんばん	92		ぶつぶつ	13, 101
な			ぱんぱん	92		ふにゃふにゃ	74
ながなが	110					ふらふら	20
			ひ			ぶらぶら	44, 72
に			ぴかっと	117		ぷりぷり	66
にこにこ	61		ぴかぴか	79		ぶるぶる	36
ニャーニャー	126		びくびく	57		ふわふわ	74
にやにや	62		ぴくぴく	35		ぷんぷん	66

へ

ぺこぺこ	25
べたべた	102
ぺちゃくちゃ	11
べったり	49
へらへら	63
べらべら	10
ぺらぺら	10, 73

ほ

ぼうぼう	123
ホーホー	127
ぽかぽか	114
ぽきっと	94
ぽきぽき	95
ぼさぼさ	80
ぽたぽた	118
ほっそり	34
ほっと	54
ぽつり	12
ぽつりぽつり	118
ぽつんぽつん	118
ぼろぼろ	105
ぼんやり	50, 87

ま

まじまじ	16

み

ミーンミーン	127

む

むかむか	33
むくり	21
むしむし	114
むずむず	40
むちゃくちゃ	81
むっく	21
むっくり	21
むにゃむにゃ	12
むらむら	67
むんむん	115

め

メーメー	126
めきめき	99
めそめそ	65
めちゃくちゃ	81
めちゃめちゃ	81
めらめら	123
めろめろ	49

も

モーモー	126
もくもく	124
もぐもぐ	22
もごもご	11
もさもさ	43
もじもじ	11
もたもた	43
もやもや	59
もりもり	23

ゆ

ゆらゆら	72

よ

よちよち	19
よれよれ	80
よろよろ	19

り

りんりん	111

わ

わくわく	54
ワンワン	126

memo

memo